# 어휘 격차의 해소

# 어휘 격차의 해소

ALEX QUIGLEY 지음 | 김진희 옮김

CLOSING THE VOCABULARY GAP

글로벌콘텐츠

## 추천의 글

"내가 수년 동안 문해력에 전념하면서 문해력 발달에 단어보다 더 중요한 건 없다는 사실을 깨달았다. 우리는 어휘를 통해 세상을 읽어내고, 자신을 더욱 명확하게 표현하며, 자신감, 통찰력, 직관력을 갖게 된다. 빈부 격차의 해소와 사회적 이동성 문제의 해결은 단어가 관건이 될 것이다. 그래서 나는 어휘의 가치를 강력히 조명하는 알렉스 퀴글리(Alex Quigley)의 책이 출간되어 대단히 기쁘게 생각한다. 이 책에서는 어휘 지도가 모든 교사의 임무라는 점을 분명하게 상기시켜 준다. 어휘를 아는 것은 모든 아이가 누려야 할 권리이기도 하다."

— 제프 바튼(Geoff Barton), 영국 학교 및 대학 지도자 협회 사무총장

"알렉스 퀴글리는 교실 관찰 사례와 학문적 연구 성과를 전문적으로 엮어 내어 단어 빈곤 문제를 왜 해결해야 하는지, 이에 대해 우리가 무엇을 할 수 있는지 설명해 준다. 또한 단어 지식은 모든 교과목의 학습 성패를 결정하므로 모든 교사가 단어 의식을 가져야 한다고 주장한다. 사전은 이제 넣어두길 바란다. 대신 이 훌륭한 책을 읽으면서 학교 교육과정에서 요구하는 학문적 지식의 개발을 위한 체계적이고 방대한 어휘 지도법을 발견하길 바란다."

– 케이트 네이션(Kate Nation)
영국 옥스퍼드 대학의 실험 심리학 교수 및 Read Oxford 연구소 이사

"이 책은 어휘 학습에 대한 연구 성과와 이를 교실 상황에서 적용하는 방법에 대한 실질적인 조언을 제공한다."

– 데이시 크리스토둘루(Daisy Christodoulou)
영국 교육평가연구소 No More Marking 교육본부장

# 서 문

교사들이 더욱 새롭고, 거대하고, 혁신적인 학교 교육과정의 도전에 대한 대응책을 고심하면서 모든 교육과정 및 발달 단계에서의 학업 성공은 교사의 손이 닿지 않는 영역처럼 느껴질 수 있다. 그런데 만일 그 격차를 해소할 수 있는 5만 개의 작은 해결책이 있다면 어떨까?

이 책의 저자 알렉스 퀴글리는 학교 교육과정의 요구가 늘어나면서 학교 교육의 성패를 결정짓는 '단어 빈곤'과 '단어 부자' 학생 간 어휘 격차를 해소하는 방안에 대해 탐구한다.

이 필독서는 학생들의 어휘 개발을 위해 교사 주도로 노력해 온 실천 사례를 제시한다. 또한 모든 단계의 학교 교육과정에서 어휘 격차 해소를 위해 노력하는 교사들에게 유용한 학습 도구, 교육용 자원, 교실 활동을 망라한 실질적인 해결책을 제공한다. 읽기 발달 및 어휘 습득론에서 제시하는 최상의 가용 증거를 토대로 어휘 격차의 해소 방안을 다음과 같이 정리하였다.

- 교사는 어휘가 모든 학습의 핵심 역할임을 인지한다.
- 교사라면 누구나 알아야 할(하지만 물어보기 부끄러워 묻지 못한) 읽기 정보를 공유한다.
- 단어의 흥미로운 역사와 단어의 작동 방식을 명확하게 밝힌다.
- 성공적인 맞춤법 사용을 위해 숨은 이야기를 공개한다.
- 모든 교과목과 교육과정 단계를 지도하는 교사들을 위해 어휘 개발 전략을 제공한다.

알렉스 퀴글리는 이 책에서 어휘 격차 관련 연구물에 대한 개관과 폭넓은 교육 경험의 흥미로운 일화를 제시하였다. 어휘 격차의 해소를 바라는 모든 교육과정 단계의 교사, 문해력 지도자, 학교 관리자에게 안성맞춤의 귀중한 자료가 될 것이다.

알렉스 퀴글리는 영국 요크에 위치한 헌팅톤 연구학교(Huntington Research School) 영어 교사이자 이사이며 트위터 @Hunting English와 www.theconfidentteacher.com의 블로그에서 찾을 수 있다.

# 역 자 서 문

삶이라는 긴 여정에서 경험하는 모든 순간들은 저마다의 감정과 사
유를 동반한다. 언어로 담는 감정과 사유는 경험하는 순간 그것에 적
확한 단어로 나타내지 못하면 간직하지 못하고 이내 소멸되고 만다.
"언어의 한계가 곧 세계의 한계다."라고 말했던 언어철학자 비트겐슈
타인(Wittgenstein)의 유명한 말처럼 우리는 감정과 사유의 언어를
차곡차곡 쌓으며 세상을 인식하고 자신만의 삶을 꾸려간다. 어떤 사
람의 말과 글을 보면 그 사람의 삶을 알 수 있는 것도 같은 이치이다.
삶을 풍요롭게 꾸려가려면 언어를 사용할 줄 알아야 하는데, 이는 전
적으로 어휘를 자유자재로 부려 쓸 줄 아는 능력에 달려 있다. 어휘가
빈곤하면 언어를 이해하고 표현하는 데에 그만큼 한계가 있을 수밖에
없다.

우리는 디지털 기술의 발전으로 온갖 이미지와 영상이 범람하는 세상을 살아가고 있다. 그로 인해 읽고 쓰는 양은 많아졌고 정보의 편의성과 접근성은 높아졌지만, 역설적이게도 깊이 있게 사유하고 자신만의 고유한 감정을 찾는 일에 멀어지고 있는 듯하다. 최근 언론에서는 청소년이 '심심(甚深)한 사과', '사흘' 등의 단어를 모르는 심각성에 대해 수차례 보도한 바 있다. 이에 대해 학교 현장의 교사들은 일찍이 학생의 어휘력 저하의 심각성을 피부로 느끼고 있었다는 반응이다. 교과서에 등장하는 어휘의 상당수를 이해하지 못하여 교과서를 읽지 못하고 학업 실패를 겪는 학생들이 적지 않은 안타까운 교실 모습이 일상화되어 있기 때문이다.

학생들의 어휘력 저하 문제는 더 이상 촌극으로 넘길 수 없는 사태가 되었다. 학생의 어휘력 부진은 학생들의 기초 학력 부진과 직결되며, 유감스럽게도 사회경제적 양극화가 학생의 어휘력에도 고스란히 반영되고 있기 때문이다. 이 점에서 학생들의 어휘력 문제를 미온적인 태도로 일관해서는 안 되며, 이제 교육적인 개입과 노력을 보여야할 때라고 여겨진다. 어휘력은 미래의 학습 가능성뿐 아니라 학업 성취도를 예측하는 결정적인 지표이다. 무엇보다 어휘력으로 인한 교실 격차는 교실 안에서만 머무르지 않을 것이기에 학교 안팎의 의미 있는 노력이 필요하다.

이 책의 저자 알렉스 퀴글리(Alex Quigley)는 교실 속 문해력 격차에 대한 문제의식 속에 여러 책을 펴냈다. 이 책 외에도 『읽기 격차의 해소(Closing the Reading Gap)』, 『쓰기 격차의 해소(Closing the

Writing Gap)』 등의 저서가 있다. 저자는 교실 속 어휘 격차를 해소하기 위하여 국어 교과 외의 모든 교과 교사가 어휘 교육에 대한 적극성과 지도 전문성을 갖추어야 한다고 강조한다. 따라서 이 책에서는 어휘 교육 전문가가 갖추어야 할 지식들, 예를 들면 단어의 어원, 용법, 역사, 맞춤법 등에 대한 이론을 소개하고 다양한 어휘 교육의 실천 사례를 제공하고 있다. 또한 교과 학습에 필요한 학술 어휘 목록과 '학문 문해력' 개발 방안 그리고 어휘력을 계발할 수 있는 어휘 학습 전략, 어휘 격차를 해소하는 교실 및 학교 운영 전략까지 제공하기 때문에 교사, 예비 교사, 언어 교육과 관련 있는 모든 사람에게 어휘 교육 방법론에 대한 유의미한 참고서가 될 것으로 기대한다.

우리나라 공교육 현장에 당면한 문해력 격차 문제에 공감해 주시어 이 역서의 출판을 허락해주신 ㈜글로벌콘텐츠출판그룹의 홍정표 대표님과 실무를 맡아 도움을 주신 편집부 직원 여러분들께 큰 감사의 마음을 전한다.

2023년 6월
역자 김진희

케이티(Katy), 프레야(Freya), 노아(Noah)
당신에게 이 책을 바칩니다.
우리가 주고받는 모든 단어는 권리입니다.
어머니, 아버지
돈으로 살 수 없는 행복을 주시고,
말로 다 할 수 없는 사랑을 주셔서 감사합니다.

# 감사의 글

이 책을 펴는 데 도움을 준 많은 분께 감사드린다. 나의 연구와 오랜 집필을 기다려주고 조언과 아낌없는 지원을 해준 나의 숨은 편집자인 케이티 길버트(Katy Gilbert)에게 감사하다는 말을 전하고 싶다.

이 책의 초안을 만드는 데에 전문적인 아이디어와 통찰력을 제공해준 필 스톡(Phil Stock), 헬렌 데이(Helen Day), 로비 콜먼(Robbie Coleman), 톰 마텔(Tom Martell), 제프 바톤(Geoff Barton)에게도 감사드린다. 또한 이 책의 3장을 써내는 데 도움을 준 앨런 홈스-헨더슨(Arlene Holmes-Henderson) 박사에게도 고마움을 전한다.

어휘에 대한 통찰력으로 나를 직간접적으로 도와준 헌팅톤 학교의 여러 동료가 있다. 특히, 헌팅톤 학교와 그 밖의 여러 직장에서 만난 전문 교사들(그리고 학생)의 도움을 받은 건 영광이었다.

이 책이 세상 밖으로 나올 수 있도록 지원과 기술을 아끼지 않은 Routledge 출판팀에게도 감사드린다.

단지 잉크 한두 방울로 쓴 말 몇 마디가

수천 명 아니 수백만 명의 마음을 움직인다.

바이런 경(Lord Byron), '돈 후안(Don Juan)'에서, 1819~1824

차 례

## VI. 맞춤법에 대한 이야기를 해야 한다

## VII. 어휘 격차의 해소를 위한 실천 전략

# 어휘 격차의 해소:
# 문제점과 해결책

말의 길, 말을 알고 사랑하는 길은
사물의 본질에 이르는 길이자 앎의 본질에 이르는 길이다.

– 존 던(John Donne)

당신은 얼마나 많은 단어를 알고 있는가?

당신이 이 질문을 받는다면 꽤 놀랄 것이다. 대화를 나눌 때나 글을 읽고 쓸 때, 단어를 온종일 사용하면서도 단어의 중요성에 대해 특별히 주의를 기울이거나 의문을 품는 경우는 드물기 때문이다. 우리는 자신도 모르는 사이에 중요한 어휘들을 방대한 어휘 저장고에 축적하고 있다. 그래서 우린 이미 단어 전문가가 되어 있는데도 자신이 얼마나 많은 단어를 알고 있는지에 대해서는 과소평가하곤 한다.

이 책의 독자가 보유한 평균적인 어휘가 대략 5만에서 6만 개의 단어라는 사실[1]을 알면 놀랍지 않겠는가?

우리는 방대한 단어들에 둘러싸여 있으며, 이는 인간의 삶에 깊숙하게 영향을 미친다. 우리가 살면서 이해하고 표현하는 즉, 듣고 말하는 단어들이 있다. 요람에서 저녁 식탁에 이르기까지, 교실에서 회의실에 이르기까지, 우리가 사용하는 풍부한 단어는 우리 삶의 지위를 결정한다. 영어 단어는 백 만 개가 넘기 때문에 우리가 모든 단어를 다 알 수는 없다. 하지만 단어에 대한 보다 폭넓은 인식, 즉 단어에 대한 풍부하고 복잡한 의미들, 단어의 용법과 오용에 대한 인식을 갖고 있어야 한다. 학생이 학교 안팎에서의 성공에 필요한 5만 개의 단어를 자신의 단어 저장고에 축적할 수 있도록 학교에서 도와줄 수 있다.[2,3,4]

여러 정치인이 사회적 불평등에 대한 문제의식을 갖고 '격차 해소'를 공약으로 내세웠지만, 실상 이 문제에 있어 신뢰할 만한 모습을 보여주지 않았다. 빈부 격차 문제는 우리 사회에 오랫동안 뿌리 깊게 자리 잡고 있는데도, 빈곤층 아동이 겪는 어려움을 구제하는 정책조차 내놓지 못하고 있다. 이 문제는 꽤나 거대하고 복잡한 문제처럼 보이기 때문에 우리는 국민으로서 우려의 목소리를 내기도 하고 민주적인 투표가 지니는 가치도 잊지 않으려고 노력한다. 비록 학교 교육만으로 빈곤을 벗어날 수는 없겠지만, 그렇다고 해서 빈곤이 저절로 종식되기를 기다릴 수도 없다. 대신에 우리가 취약 계층 아동의 보육 문제처럼 겉으로는 사소해 보여도 실제로는 복잡한 문제의 규모를 줄인다면 모두가 취약 아동 문제에 공감대를 형성할 수 있으며, 더 나아가 그들의 삶을 운용하여 탈바꿈할 수 있음을 세상에 증명할 수 있는 것이다. 우리는 학생들과 풍부한 단어로 이야기를 나눌 수 있다.

게다가 우리에게는 사회와 교실에서 접하게 되는 극심한 불평등 문제를 해결할 수 있는 수천 개의 작은 해답이 있다. 그 해답은 바로 우리말 사전이다. 우리가 교실 속 아이들과 또래 집단사이의 어휘 격차를 줄인다면 아이들에게 학업 성취에 중요한 학습 도구를 제공하고 학교 너머의 새로운 세상에서 자신감을 갖고 의사소통할 수 있는 능력을 심어줄 수 있다.

대부분의 어휘 학습이 학교 밖에서 우연히 그리고 은연중에 이루어진다는 사실은 분명하다. 어휘력은 무의식적이고 잠재적으로 발달 능력이라는 점에서 아동의 신체적 발달과 닮아 있다. 부모나 양육자는 아이의 신체적 발달을 금세 알아차리지 못하지만 시간이 지남에 따라 눈에 띄는 발달 변화가 나타난다. 미시적인 수준에서 아동의 어휘량에 주목해보면 이를 쉽게 이해할 수 있다. 우리가 어휘 격차를 제대로 이해하면 아동의 어휘력 발달에 노력을 기울이게 되며, 이로써 모든 아동은 풍부한 어휘력을 갖추게 될 것이다.

교사가 아동의 어휘력 발달을 위한 노력에 가치를 두는 것만으로도 교실에 존재하는 어휘 격차를 해소하는 첫 걸음을 뗄 수 있다. 수많은 증거 자료로 입증된 학교 및 교실 속 '학업 성취 격차' 문제를 해결하기 위해서는 어휘 격차 문제를 인식하는 데에 그쳐서는 안 되고 이 문제에 몰입해야 한다. 어휘 격차가 아동의 모든 교육적 성과를 개선하는 만병통치약은 아니지만 E. D. 허쉬(E. D. Hirsch Jr)가 지적한 바와 같이 어휘량은 학업 성공의 좋은 지표이므로 우리가 어휘력을 학업 성취 격차 문제를 해결하기 위한 노력의 출발점으로 삼은 점은 타당하다고 볼 수 있다.

어휘량은 읽기, 쓰기, 듣기, 말하기 능력뿐 아니라 과학, 역사, 예술 등의 일반 지식에 이르기까지 총체적인 교육적 성과 및 역량을 보여주는 간편한 척도이다.

- 「단어 부자」, E. D. 허쉬(E. D. Hirsch Jr)[5]

## ◐ 단어 그 이상의 것

어휘를 학습의 대용물 또는 독서 과정 그 자체로 보는 입장은 환원주의적 관점이라고 비판받기도 한다. 물론 연극 〈햄릿〉에는 총 30,557개의 단어가 들어 있지만, 작품의 의미는 단어의 총합 그 이상의 의미를 지닌다. 그렇다고 하더라도 어휘는 아동이 희곡을 읽거나 과학자처럼 말하거나 역사학자처럼 글을 쓰는 행위의 복잡함을 축소하는 방법을 제공해준다. 어휘 학습은 바쁜 교사의 짐을 덜어 줄 수는 있겠으나 이는 결코 말처럼 쉬운 일만은 아니다.

우리는 상당수의 학생들이 학교 교육과정의 필수 활동인 읽기 활동에 접근하지 못한다는 사실을 너무나 잘 알고 있다. 이러한 학업 실패에 직면한 아이들이 각자 보유하고 있는 단어 저장고와 학술 어휘 간 간극을 좁히는 것이야말로 현실적이고 실현 가능한 목표이다. 학교 교육에서 학술 어휘는 학년이 올라갈수록 점점 새롭고, 방대하고, 어려운 수준을 요구한다. 학교에서 과학 교과서를 읽느라 고전하는 학생부터 시험 자체를 포기하는 학생에 이르기까지, 어휘 지식의 결핍은 학생 스스로 극복하기 어려운 장애가 될 수 있다.

어휘 격차가 취학 전부터 조기에 시작된다는 사실을 보여주는 증거는 꽤 많다. 어휘 격차는 그 이후 학교생활을 하면서도 계속해서 벌어지며, 특히 단어 결핍이 있는 아동은 GCSE(영국의 중등교육자격검정시험, General Certificate of Secondary Education, 이하 GCSE) 수준과 그 이상의 교육과정에서 학업 실패가 이어져 고착되는 경우가 많다. 어휘력과 사회경제적 지위는 수학, 영어, 영문학 과목에서 아동이 받는 A* 등급에서 C등급까지의 성적을 예측하는 중요 지표 중 하나라는 근거가 있다.[6] 이처럼 아동의 학업 성취와 제한적인 어휘 수준은 부모의 소득, 학력, 주거 환경과 불가분의 관계이다.[7]

어휘 격차가 학업 성취를 결정하는 요인이라는 근거는 충분하지만 아직 학교에서는 이 문제를 제대로 다루지 않고 있다. 새롭게 개정된 교육과정에서 수많은 초등학생이 SATs(영국의 기준평가시험 Standard Assessment Test, 이하 SATs) 읽기 시험을 힘겹게 치르고 있고[8] 중등학생은 GSCE에서 더 높은 점수를 받기 위해 고전하는 가운데 모든 학교급의 교육과정을 실제로 접근하는 아동과 그들의 문해력 문제는 그 어느 때보다 심각하게 대두되고 있다.

혹시 우리가 아이들이 교육과정에 접근하는 문제에 대하여 사소해 보이지만 강력한 해결책을 놓치고 있지는 않을까?

1990년대에 하트(Hart)와 리슬리(Risley)는 미국의 42개 가정의 언어생활을 심층 연구하였다.[9] 부모와 자녀(생후 7개월~3세 사이) 간의 의사소통을 30개월에 걸쳐 녹음하여 분석한 결과 다음과 같은 충격적인 사실들을 밝혀냈다.

자녀가 생후 48개월에 이르기까지 전문직 종사자인 부모는 자녀와 대화할 때 생활보호대상자인 부모보다 3천 2백만 개의 단어를 더 많이 사용하여 대화한다. 부모의 교육 수준, 사회경제적 지위, 인종이 아닌 0~3세 아동의 대화에서 누적된 어휘 격차가 3세의 어휘력 및 표현력과 10세의 읽기 및 수학 성취도의 격차를 설명해 준다.

- 「읽기 성취 격차」, 로잘린드 호로비츠(Rosalind Horowitz)와
제이 사무엘스(S. Jay Samuels) 발행, 151쪽[10]


아동의 어휘 격차는 취학 전부터 발생하며 대다수가 생각하고 있는 것보다 훨씬 더 중요한 문제이다. 3천 만 개의 단어 차이가 보여주는 엄청난 수치는 우리를 잠시 생각에 잠기게 한다. 이와 같은 결과가 저소득층 가정에서 자란 모든 아동이 어휘력이 빈곤할 수밖에 없는 운명을 타고났다는 의미는 아니지만 어휘 격차가 어디에든 나타날 수 있음을 보여준다.

비교적 소규모로 이루어진 하트와 리슬리의 연구는 이후 '언어 환경 분석 시스템(LENA: language environment analysis system)'과 같은 음성 녹음 기술을 사용해 750명 이상의 아동에게서 수집한 11만 2천 시간의 방대한 녹음 기록을 대조하는 등의 대규모 연구에 여러 도움을 주었다. 후속 연구들에서도 대학 교육을 받은 부모가 교육 수준이 낮은 부모보다 자녀에게 더 많이 말하며, 이는 나중에 자녀의 언어 능력과 상관관계가 있다는 결과를 여러 차례 발표하였다. 이러한 이

야기에도 예외는 찾을 수 있겠지만, 그 경향성은 우리 사회 저변에 깔려 있으며 영국에서의 사회 이동은 사실상 불가능하다는 암울한 현실을 통계로 보여준다.

조기부터 시작되는 미취학 아동의 어휘력이 이후 학업 성과를 결정하는 요인이라는 사실은 여러 연구를 통해 입증되고 있다. 연구 결과에 따르면 25개월의 어휘력은 8세의 언어 및 인지 능력을 예측한다고 한다.[11] 연구자들은 미국 초등학교 1학년 말(5~7세 사이)에 실시한 구두시험 결과에서 측정된 초기 어휘력이 10년 이후의 독해력을 예측하는 중요 변인이라 보고하였다.[12] 언어 발달 초기의 구두 능력과 언어 발달의 중요성은 아무리 강조해도 지나치지 않는다. '사회 이동'의 중요성을 이야기하려는 정치인이 있다면 언어 발달 초기의 언어 제공과 언어 발달에 대한 논의부터 시작해야 한다.

어휘력의 중요성을 강조하는 연구물은 교사, 부모, 정치인 모두가 반드시 읽어야 할 책이다. 1970년부터 30년 동안 꾸준하게 진행한 '영국의 한 코호트 연구(British Cohort Study)'에서는 다양한 사회 집단에 속한 5세 아동 수천 명의 어휘 능력을 비교 분석하였다. 연구 결과는 어떠했을까? 제한적인 어휘력 수준의 5세 아동은 성인이 되어서도 독해 부진이 될 가능성이 더욱 높고, 실직자가 될 확률 또한 높으며 심지어는 심각한 정신 건강 문제까지 겪을 것으로 예측하였다.[13] 또한 취약 계층 아동일수록 그렇지 않은 또래 아동보다 적은 수의 그림을 인식하고 설명한다는 사실도 확연히 드러났다.

이러한 결과에 대해 잠시 생각해 보길 바란다. '단어 빈곤'을 겪고 있는 아이들은 그들이 살아가는 세상을 묘사할 수 없는 상황에 놓여있다. 우리 아이들이 지닌 어휘의 한계는 곧 그들이 살아가는 세상의 한계나 다름없다. 이를 뒷받침하는 증거들은 극명하면서도 냉정하다. 교사의 영향력은 여전히 교실에 국한되어 있지만, 우리는 아이들이 방대한 단어 저장소를 개발하고 학교에서 다루는 중요한 학술 어휘의 문을 열 수 있도록 도울 수 있다.

우리의 목표는 모든 아이들이 대략 5만 개 정도의 단어를 보유한 단어 저장고를 가지고 학교를 떠나는 것이 되어야 한다. 풍부하고 깊이 있는 말은 현재 우리 자신을 만들어줄 뿐만 아니라 미래의 가능성을 무한대로 확장해 준다. 우리가 돌보는 모든 아이들이 각자 그들이 보는 모든 그림을 인식하고 그들의 삶을 기록하며, 그들이 살아가고 있는 현실을 읽어 내어 그들의 희망과 삶에 대해서 말할 수 있게 되기를 기대한다.

## ◑ 어휘 격차와 학교 교육과정

영국 학생은 새로운 교육과정이라는 중요한 도전에 직면해 있다. 물론 광범위하고 까다로운 교육과정으로 인한 학교 문제는 다면적이다. 그 중에서 심각한 문제는 많은 교사가 시간 부족으로 회의감을 느끼며, 모든 학생의 학업 성공을 돕는 데 필요한 교사훈련조차 받지 못한 채 새로운 교육과정의 도전에 직면해 있는 것이다. 우리가 학생 앞에 놓인 학술적 도전의 문제를 보다 정확하게 정의할 수 있다면 구체적인 해결책을 찾는 시작점을 만들 수 있을 것이다.

2016년 교육 뉴스에서는 시험 도중 학생들이 울음을 터뜨렸다는 안타까운 사연들이 다수 보도되었다. 학생들을 울린 시험 문제는 주요교육단계 2(Key Stage 2) SATs 읽기 문제로 판명되었다.[14] 아래의 지문을 보면, '발굴(unearthed)', '가뭄(drought)', '담수풀(freshwater oasis)', '건조(parched)', '퇴적(receding)', '질식(suffocation)', '멸종(extinct)'과 같은 단어들이 전형적인 학습 목적의 글에 나열되어 있다.

그러던 중 2005년, 한 과학 연구팀에서는 모리셔스 섬의 갯벌에서 도도새의 뼈를 발굴하였다. 이 유골은 섬이 오랜 가뭄으로 고통 받던 4천 년 전으로 거슬러 올라간다. 그 갯벌은 척박한 땅에서 담수풀을 형성했다. 당시 대부분의 동물이 서서히 말라가는 호수의 물을 찾아 헤매다가 갈증이나 질식으로 죽었다. 그러나 일부 도도새들은 살아남아 다른 동물들보다 훨씬 뒤늦게 멸종된 것으로 보인다.

이러한 발견은 많은 조롱을 받았던 도도새의 이미지를 복원시키는 데에 도움이 되고 있다. 수천 마리 동물들의 목숨을 앗아간 가뭄이 나타난 지 4천 년이 지난 후에도 도도새가 모리셔스에서 여전히 살아남았다는 사실은 도도새의 생존능력을 보여준다. 이 유골은 과학자들이 도도새의 해부학적 구조에 대한 여러 정보를 밝혀내는 데에 도움을 주고 있다. 도도새는 그동안 우리가 스케치에서 보아 왔던 모습보다 훨씬 날씬한 새였던 것으로 밝혀졌다.

앞의 지문은 10살과 11살짜리 아이에게 주어진 읽기 과제이다. 이 평가 방식과 필요성의 옳고 그름에 대한 논란은 차치하고라도 읽기의 가치와 중요성을 폄하할 교사, 부모, 정책 입안자는 아무도 없을 것이다.

자, 이제 학습 목적의 글을 자신 있게 읽기 위해서 어휘 지식의 중추적인 역할을 직접 확인해볼 수 있는 다음 질문에 대해 생각해 보기 바란다.

지문을 이해하기 위해 독자가 사전에 알고 있어야 하는 단어 비율은 얼마일까요?

50%   55%   60%   65%   75%   80%   85%   90%   95%

2016년 SATs 읽기 지문을 다시 읽어 보라. 10살 어린이 또는 그보다 많은 나이인 15~16세 청소년이 이 지문을 읽고 자신 있게 알고 이해할 수 있는 단어들이 몇 개나 될지 잠시 생각해 보길 바란다. 우리는 이와 같은 학습 목적의 글을 이해하는 일이 모든 교실 속 학생에게는 일상적인 일이라는 점을 익히 알고 있다. 글 읽기는 실제로 학업 성공에 필수적인 활동이다.

독해를 보장하기 위해 사전에 인지하고 있어야 할 단어 비율을 묻는 문제의 정답은 무려 95%라는 것이다. 만약 이 비율을 듣고 놀랐다면 저명한 인지과학자인 댄 윌링햄(Dan Willingham)이 그의 책『읽는 마음(The reading mind)』에서 인용했던 "연령이 높은 학생들이 읽는 글일수록 사전에 인지하고 있어야 할 단어 비율이 훨씬 더 높다."는 주장의 근거에 대해 생각해 보아야 한다. "낯선 어휘의 모호함에 대한 독자의 관용 양상을 측정한 여러 연구 결과에 따르면, 독자가 글을 수월하게 읽기 위해서는 글에 제시된 단어들 중 대략 98%의 단어를 사전에 알고 있어야 한다고 추정한다.”[15]

이상의 물음에 당신의 답변이 대략 75%라는 수치에 가까웠다면 독해를 방해하기 위해 중등학생이 알아야 할 약 75% 단어를 검게 칠한 다음 예제를 읽고 정의하는 대상이 무엇인지 생각해 보아라.

---

███이란, 측정 ███에 ███를 표시하는 것이다. 측정 ███가 나타내는 값을███ 또는 이미 ███ 있는 ███ 사이의 관계로 ███ 작업까지 포함한다. 가령, 녹고 있는 얼음에 ███를 넣은 뒤에 가리키는 값이 0인지를 확인함으로써 정확하게 ███ 점검한다.

---

당신은 위의 예제를 읽고 어떤 과정을 설명하는지 파악했는가? 그렇지 않다면 예제에서 두 단어만 삭제하고, 대략 95%의 단어를 제시해 준다면 어떠한가? 검게 칠해진 단어를 확인한 뒤에는 글에서 정의하는 대상이 무엇인지 곧바로 알아차렸는가?

---

███이란, 측정 기기에 척도를 표시하는 것이다. 측정기가 나타내는 값을 표준값 또는 이미 적용되고 있는 대비값 사이의 관계로 확정하는 작업까지 포함한다. 가령, 녹고 있는 얼음에 온도계를 넣은 뒤에 가리키는 값이 0인지를 확인함으로써 정확하게 ███점검한다.

---

자, 만약 당신이 학술 어휘 지식과 과학 지식이 서로 긴밀하게 연결되어 있는 사람이라면 답은 그리 어렵지 않게 찾았을 것이다. 이 예제는 대다수의 독자에게 친숙하지 않은 학습 목적의 글 읽기에 필요한 단어가 무엇인지 보여주는 데에 특히 유용하다. 이 예제의 정답은 '교정(calibration)'이다.

**교정**이란, 측정 기기에 척도를 표시하는 것이다. 측정기가 나타내는 값을 표준값 또는 이미 적용되고 있는 대비값 사이의 관계로 확정하는 작업까지 포함한다. 가령, 녹고 있는 얼음에 온도계를 넣은 뒤에 가리키는 값이 0인지를 확인함으로써 정확하게 **교정되었는지** 점검한다.

나는 의도적으로 이 '교정'의 정의를 설명하는 글을 선택하였다. 이 단어는 실측과 관련한 과학 전문 용어이지만, 더욱 신중하게 평가하고 교정해야 제대로 측정할 수 있음을 설명하는 맥락에서 광범위하게 사용되기도 한다. 나는 이 책을 읽고 교사와 학생 모두 교실에서 사용하는 어휘를 효과적으로 교정하는 동시에 궁극적으로, 학생 스스로 자신의 단어 지식까지 교정할 수 있게 되기를 기대한다.

교실에서 교사는 학생에게 설명할 때 그들이 느끼기에 지나치게 어렵거나 오해할 수도 있는 단어를 사용하기도 한다. 대부분의 이런 설명은 수업 상황에서 즉흥적으로 할 때도 있지만, 학생의 배경지식을 확장하기 위한 의도로 이루어질 때가 많다. 따라서 모든 교사는 명확하게 설명해야 하며, 학생이 잘 이해할 수 있도록 예시를 제공해야 한다. 교실에서 읽는 수많은 글에는 낯설고 어려운 어휘가 포함되어 있다. 따라서 모든 교사는 학습을 위한 읽기의 도전과 이에 대한 접근성을 강화할 수 있는 교육용 도구에 대해 잘 알고 있어야 한다.

학교에서는 난해한 글을 자주, 거의 매일 접한다. 수많은 교과서를 비롯하여 아이들이 학교에서 접하는 글에는 평균적으로 대략 8만 5천 개 단어가 포함되어 있다.[16] 만약 한 쪽에 3백 개의 단어가 있다고 가정할 때, 아동의 95%의 독해력으로는 한 쪽 당 15개의 단어를 명확하게 이해하지 못하거나 전혀 모르는 단어로 남게 된다. 잠시 생각해 보라. 어떠한 글을 읽으면서 그렇게나 많은 단어를 이해하지 못한 적이 언제였는가? 우리는 학교에서 초보 독자인 학생들이 어떻게 학문적 언어에 맞서고 있는지 염두에 두어야 한다. 독서 능력이 출중한 10살 아동의 경우 1년에 약 백 만 개의 단어(단편 소설 10~12편에 해당하는 분량)를 접한다. 결정적으로 그중에서 약 2만 개의 단어가 그 아이에게 생소한 단어인 것으로 판명되었다.[17] 이러한 사실을 미루어 볼 때, 학생들이 학교 교육과정에 접근하기 위하여 단어를 풍성하게 보유하는 것이 얼마나 중요한지 금방 알 수 있다.

영어와 같은 교과목의 경우 학생들은 자신의 글을 이해하는 데에 필요한 어휘 지식이 95%보다 낮은 수준이면 독해의 공백을 메우기 위해 소설 장르에서 얻은 풍부한 지식과 어릴 때 듣고 읽었던 구문 패턴, 문장 구조 등의 지식을 동원한다. 이에 반해 그들이 역사 자료 또는 과학 문제와 같은 비문학 글을 읽을 경우에는 독해에 필요한 장르 지식과 배경지식을 미처 갖추지 못한 상태일 때가 흔하다. 대부분 아동의 읽기 능력이 5학년이 될 때까지는 순조롭게 향상하지만, 그 이후에는 취약 계층 아동일수록 난해한 글을 읽을 때 고전하는 경우가 많다는 사실은 그리 놀랍지 않다.[18] 댄 윌링햄은 이러한 불우한 환경에 놓인 수많은 아이들일수록 복잡한 글을 이해하는 데에 필요한 배경지식을 개발할 수 있는 기회로부터 소외되어 있다는 주장을 내세웠다. 역사, 과학 등의 이야기는 어린 아이일수록 이해하기가 더 어렵다. 그래서 이러한 아이들은 비문학 글에 등장하는 어휘를 더 낯설고 어렵게 느낀다.

대다수의 학생이 학교생활의 여러 시험대를 넘는 과정에서 자신의 단어 지식이 상당히 부족함을 느꼈던 경험이 있다고 한다. 교실 속 많은 아이들이 매일 어려운 글을 읽으며 단어 의미를 이해하지 못하고 고전하는 상황에 놓여 있는데, 이는 냉혹한 현실이 아닐 수 없다.

영국에서는 아동 5명 중 1명이 영어를 제2언어(EAL, English as an additional language)로 사용하고 있다. 일부 제2언어 학습자는 하나 이상의 언어를 사용함으로써 귀중한 언어적 재능을 얻을 수 있을지는 몰라도, 그 중 상당수 학습자가 어휘 공백을 경험하고 있다는 사실은 잘 알려져 있다. 이는 단순히 어휘 연습의 부족이 원인으로 판명되었다. 하나 이상의 언어를 배우는 아이들은 가정에서 모국어를 사용하기 때문에 영어 어휘력을 연마하고 신장하는 데에 필요한 연습량이 부족할 수밖에 없다.

우리가 자연스럽게 사용하는 관용구인 '일거양득(the best of both worlds)' 또는 '일석이조(to kill two birds with one stone)'

는 제2언어 학습자에게 이해하기 어려운 표현일 수도 있다. 결과적으로 제2언어 학습자는 어휘 지식을 구조화(fabric)하는 데에 필요한 기초 구문과 관용구 용법을 이해하기 힘들 수도 있다. 지금 이 문장을 보고 은유적 표현인 'fabric(구조화)'이라는 말이 수많은 아이들에게 어떻게 걸림돌이 될지 생각해 보길 바란다. 이와 같은 수많은 언어 장벽과 어휘 격차는 전문적인 교사에게도 보이지 않을 수 있다. 이로 인해 일부 아이는 교실에서 불가사의한 언어와 고군분투할 것이며, 그 아이는 학교가 외계처럼 느껴질 수 있다.

이상에서 밝힌 대로 어휘 격차가 존재함에도 불구하고, 학교에서는 어휘에 대한 명시적 지도가 거의 진행되지 않고 있다. 이는 읽기 능력의 신장에 있어서 어휘력의 중요성에 대한 인식이 낮고 이에 대한 교육이 부족한 것이 원인일 가능성이 높다(이는 모든 학교급의 교사에게 해당되는 일이다). 사실 우리는 읽기에 어려움을 겪는 아동이 명시적인 어휘 지도를 받은 경우 그렇지 않은 아동보다 교육 효과가 3배 더 뛰어나다는 확고한 증거에 대해 알고 있다. 이뿐만 아니라 모든 아동이 명시적인 어휘 교수를 통해 교육적 효과를 보았다.[19]

따라서 우리는 다음과 같은 질문을 해야 한다.

- 어휘를 명시적으로 교육하는 방법은 무엇인가?
- 교사가 확신을 갖고 효과적으로 어휘 교육을 할 수 있으려면 어떤 훈련이 필요한가?
- 매일 교실에서 하는 읽기 연습에서 어휘 격차를 민감하게 알아차릴 수 있는 방법은 무엇일까?

이 질문들은 우리가 교육과정의 엄청난 변동을 겪을 때 가장 시급히 물어야 한다. 교육 당국에서는 새로운 GCSE 과정에서 '더 까다로운' 교육 내용을 다룰 것임을 예고하면서 학생들이 교실에서 접하는 어휘는 더 광범위해지고 있으며, 난이도가 높아질 것이라고 밝혔다.[20] 실제 교실에서는 풍부한 배경 지식과 폭넓은 학술 어휘 지식을 갖고 있지 않은 학생들이 이러한 자격에 접근하도록 돕는 데 어려움을 겪고 있다. 우리는 아이들이 유용한 학습 도구를 통해 '까다로운 내용'을 이해할 수 있도록 지원해야 한다. 뿐만 아니라 만약 우리가 학생 스스로 어휘 지식을 개발할 수 있도록 지도한다면 그들은 풍부한 단어들을 갖고 풍요로운 삶을 누릴 수 있게 된다. 오랜 시간이 지나 까다로워지고 있는 교육과정의 변화가 역사 속에 묻히더라도 말이다.

그렇다면 새로운 교육과정에서 '더 까다로운 것'의 정확한 의미는 무엇일까?

대부분의 학기말 시험은 높은 수준의 기억력을 요구하고 있다. 이와 더불어 교과 개념 및 주제의 폭이 넓어지면서 당해 교육과정 이상의 더 많은 배경지식과 이해력을 요구한다. 예를 들어 A수준의 수학 통계 측정 개념인 '스피어만 순위'가 전보다 이른 시기에 등장하는 것처럼 A수준 개념이 GCSE 교육과정의 지리 과목으로 내려왔다. 이와 같은 변화는 어려운 개념 지식을 어린 학생들에게 효과적으로 전달하는 방법에 대해서는 고민하지 않은 채 교육과정에 적용된 것으로 보인다. 중등학교에서는 매년 아이들이 실제 나이에 비해 과도한 수준의 교과서를 읽고 있다.

# ● '도도새의 죽음'이라는 글을 기억하라

최근에 달라진 교육과정으로 인해 교사는 어려운 변화에 직면해 있다. 다양한 교수법에 대한 지원이 부족하기 때문에 우리는 **미온적인 교수 활동**을 선택할 수도 있다. 말하자면 단순히 어휘 노출만으로 더 나은 어휘 학습으로 이어지길 기대하면서 아이들이 조기에 어려운 글을 더 열심히 읽도록 지도하는 것이다. 반대로 교사는 **적극적인 교수 활동**을 택할 수도 있다. 영문학 수업에서는 복잡한 문학 작품에서 암기할 수 있는 구절과 인용문의 정수만을 뽑아주고, 과학 수업에서는 난해한 과학 용어 및 과정의 명칭을 짤막한 파워포인트 자료와 단순한 언어로 설명해 주면서 아이들의 독해력이 점차 향상되길 기대하며 지도하는 것이다.

단순히 교육과정에 모든 지도법을 맞추는 게 문제가 아니라면 이 문제를 어떻게 해결해야 할까? 우리가 아이들이 교육과정의 지식과 이해의 매개인 학술 어휘를 이해하도록 보장해 주지 않는다면, 아이들을 출발선 안에 가두는 것이다. 우리는 아이들이 이해하지 못했던 개념과 용어부터 다시 가르쳐야 한다.

GCSE에서 역사 과목을 살펴보라. 이전보다 확실히 광범위하고 어렵다. 간단히 말하면 역사 교육과정은 오늘날까지도 여전히 우리에게 보편적인 문화적 지식으로 알려진 백 년이 채 되지 않은 최근의 역사 내용에서 천 년의 영국 역사를 다루는 내용으로 바뀌었다. 노르만 정복과 같은 주제를 접할 때 학생들은 '영지(fiefs)', '공작(duchy)', '선서(oaths)', '유물(relics)'과 같은 낯선 어휘들을 접하게 된다. 이러한 단어들은 종교적, 사회적 지식 이상의 특수한 배경 지식을 요구한다는 점에서 보편적인 배경지식만 들어있는 개인의 단어 저장고만으로는 해당 단어의 의미를 파악하기 어렵다.

역사 GCSE 시험의 복합 지문에 '1250년대의 의학'처럼 난해한 역사 주제를 추가하면, 광범위한 배경지식과 학술 단어의 복잡한 연결망에 대한 요구가 커진다. '역병(plague)', '팬데믹(pandemic)', '포말전염설(miasma theory)'과 같은 단어가 '인과 관계(causation)', '연속성(continuity)', '변화(change)' 및 '시간(time)'과 같은 역사적 개념을 설명하는 어휘와 함께 제시된다. 시간에 대한 개념을 이해하기 위해서는 '고대(ancient)', '중세(mediaeval)', '중세기(middle ages)', '현대(modern)', '시대(period)', '통치(reign)', 'A.D.(Anno Domini)', '연대기(chronology)', '과도기(transitional)', '세(epoch)', '탈공업화시대(post-industrial)', '역법(calendar)'과 같은 단어를 알아야 한다. 아이들이 편향적인 자료를 선별해 내고 역사 속에 존재하는 연속성과 변화에 대한 이야기를 탐구하도록 지원하려면 역사 교사는 숙련된 어휘 교사가 되어야 한다.

그렇다면 백 년 역사에서 천 년 역사로 이해를 확장하기 위해 배경지식을 얻기 위한 노력은 어디서부터 시작해야 하는가? 우리는 어휘의 복잡도가 글의 난이도를 결정하는 가장 큰 요소임을 잘 알고 있다. 더 광범위하고 까다로운 교육과정일수록 어떤 교과목이든 학습의 시작점은 단어이다. 모든 학생이 단순한 개념 지식에 대한 글뿐만 아니라 역사의 어떤 시대, 지리학의 어떤 개념, 심지어 멸종된 새에 대한 난해한 글을 읽는 데 필요한 5만 개의 단어를 보유하도록 지도함으로써 어휘 격차를 해소해야 한다.

궁극적으로 읽기는 모든 교사가 학술적 지식을 얻기 위한 주요 학습 도구이므로 모든 교사는 읽기 교사나 다름이 없다. 교과목마다 다른 목적과 접근법으로 글을 읽지만, 광범위하고 깊은 어휘 지식은 성공적인 독서를 위해 언제나 필요한 필수적인 전제 조건이다. 따라서 어휘 사전 지도하기, 단어 의미 토론하기, 단어 범주화하기, 단어 비교하기, 정확한 단어 의미 찾기 등과 같은 모든 교수 전략은 교실에서의 말하기, 쓰기, 읽기 훈련에 필수적이다.

## ● 어휘 격차의 해소를 위한 해결책

이 책을 읽는 모든 교사에게 다음과 같은 질문을 하고 싶다. 아이들에게 새롭고 낯선 어휘를 어떻게 가르칠 것인가?

대부분의 교사에게 계획적이고 명시적인 어휘 교육은 드문 활동이다. 아이들과 소통하고 학술 어휘를 가르치는 이 필수적인 활동은 지극히 암묵적 교육 대상으로서 언제나 '가르쳐야 하는 것이 아닌 스스로 터득해야 하는 것'으로 여겨진다. 어휘 교육은 체계적이고, 누적적이며, 효과적으로 이루어져야 함에도 불구하고 대체로 부차적이고, 비조직적이며 비체계적이고, 제한적으로 이루어진다. 우리가 아이들의 어휘력 발달을 돕는 교육 활동에 익숙해진다면, 아이들은 성공적인 학교생활에 더욱 효과적으로 대비할 수 있을 것이다.

먼저 우리는 어휘의 개념을 좀 더 분명하게 정의할 필요가 있다. 어휘는 두 가지 유형이 있다. 그중 하나는 우리가 듣고 읽는 단어인 **이해 어휘(receptive vocabulary)**이다. 나머지 하나는 우리가 말하고 듣는 단어인 **표현 어휘(expressive vocabulary)**이다. 이 둘은 정확하게 맞아떨어지지 않는다. 가령, 우리가 읽을 때 접하는 어휘는 일반적으로 우리가 말할 때 사용하는 어휘보다 훨씬 복잡하다. 우리는 듣고 읽으면서 단어를 이해할 수는 있지만 글쓰기에서 단어를 잘 사용할 수 있을 정도로는 알지 못할 수 있다.

우리는 대화가 아이들의 어휘 발달에 있어서 최선의 방도라는 것을 익히 잘 알고 있다. '단어 부자' 아이들은 가정에서는 저녁 식사 때마다 다양한 대화가 오가고 교실에서도 활발하게 토론하고 발표한다는 특징이 있다.

물론 실제 현실은 정반대의 모습이지만 많은 아동이 대화의 부족으로 어휘 발달에 어려움을 겪고 있다. 하버드 대학의 캐서린 스노우(Catherine Snow)는 '저녁 식사 자리의 대화'가 부족하면, 훗날 책을 읽지 못한다는 근거를 제시하였다.[21] 놀랍게도 일상 대화에서 사용하는 단어는 그렇게 많지 않다. 우리는 약 2천 개의 단어가 우리 대화의 80%를 차지한다.[22,23] 이는 매우 중요한 지적이다. 만약 우리가 단순히 교실에서 발표나 토론을 권장하기만 한다면, 그 과정에서 학술적 언어 사용에 대한 체계적인 교육을 하지 않는다면, 아이들의 언어 발달은 이루어지지 않을 것이다. 우리가 일상적으로 사용하는 단어가 무엇인지 안다면 학생들이 학교 밖 성공에 필요한 학술 어휘로 표현하는 능력을 갖추도록 지원할 수 있다.

물론 화자가 사용하는 어휘의 다양성으로 화자의 역량과 자신감의 정도를 판단할 수 있다. 쉽게 말해 우리가 5만 개의 단어를 보유한 방대한 단어 저장고를 이용하여 다양한 학술 어휘를 교실 담화에 사용하면, 학생들에게 설득력 있게 전달할 수 있으며 학생들도 자신감을 갖고 대화에 참여할 수 있다. 즉, 말하기 능력에만 집중하는 것은 아이들의 어휘 발달에 충분하지 않을 수 있다. 우리는 심지어 아이들에게 읽어주는 그림책에도 학교에서 아이들이 전형적으로 사용하는 말보다 특수한 단어가 더 많이 포함되어 있다는 사실을 잘 알고 있다.[24] 대화는 제한적인 상황 맥락에서 비교적 적은 양의 단순한 단어만으로도 가능하지만, 글에는 훨씬 더 복잡한 문장 구조와 어휘가 있기 때문에 독서를 통해 매우 정교한 언어를 경험할 수 있다.

말하기가 지닌 실제적이고 본질적인 가치를 무시하지 않되 다음과 같은 사실을 명확하게 인지해야 한다. 모든 학생의 미래 성공은 능숙하고 유창한 독자가 되느냐의 여부에 달려있다. 학습 능력과 학습에 대한 흥미는 학생들의 읽기 기능과 불가분의 관계에 놓여 있다. 읽을 수 있다면 말할 수 있는 것이다. 자신 있게 말할 수 있다면 학교 밖 미래의 성공을 열쇠를 쥐는 것이다. 풍부하고 체계적인 대화는 우리 교실 속 어휘 격차를 해소하는 해결책이다. 만약 교실 속 대화에 양질의 읽기 지도가 더해진다면, 아이들이 모든 교육과정을 성공적으로 밟아갈 수 있는 길을 잘 닦아 주는 것이다.

## ◗ 더 많이 읽도록 하라!

우리는 독서가 얼마나 중요한지 익히 잘 알고 있다. 대체로 어휘 발달은 폭넓은 읽기를 통해 자연스럽게 학습되고, 이후 동일한 단어에 노출되는 경험이 반복되고 누적되면서 점진적으로 이루어진다. 알다시피 10살의 능숙한 독자는 일 년에 백 만 단어를 접한다. 더 많이 읽도록 장려하는 것은 미국식 표현으로 '아주 간단한 방법(no-brainer)'이나 다름없다.

아이들의 어휘 발달에 도움이 되는 최고의 해결책은 교실에서의 명시적인 교육에만 집중하는 것이 아니라 학생들이 즐거움을 얻기 위한 목적으로 최대한 많이 읽도록 장려하는 것이라는 설득력 있는 주장이 나왔다. 이 주장에 반기를 들기 어렵기 때문에 반대하지는 않으나 그것만이 유일한 해결책은 아니라고 말하고 싶다.

우리는 여기에서 제임스 코디(James Coady)가 명명한 '초보자의 역설(beginner's paradox)'을 마주하게 된다. 즉, 읽기 과정에서 우연히 이루어지는 단어 학습도 물론 중요하지만 단어에 대한 충분한 지식이 없는 채로 많이 읽기만 한다면 새로운 유관 단어들을 학습할 수 없다. 우리는 교실에서 이러한 모습들을 매일 본다. 한 해를 시작하면서 우리 반 학생들에게 독서에 대한 열정과 의지를 불어 넣었지만 그러한 나의 노력에도 불구하고 그들의 자신감은 빠르게 위축되었다. 독자의 의욕은 대개 일시적이며 독서에 고전하는 사이에 급속도로 떨어진다. 어휘의 공백을 지닌 채로 책을 읽게 되면, 책의 내용을 제대로 이해하지도 못할 뿐더러 책 읽는 시간도 그다지 즐겁지 않을 것이다.

케이스 스타노비치(Keith Stanovich)[25]와 제프 바톤(Geoff Barton)[26]과 같은 문해력 전문가가 성경 격언(마태복음 25장 29절)에 빗대어 예언했던 유명한 '**매튜 효과(Matthew Effect)**'를 소개한다. 성경 구절에 다음과 같은 구절이 있다. "무릇 있는 자는 받아 풍족하게 되고 없는 자는 그 있는 것까지 빼앗기리라." 즉 빈익빈 부익부를 일컫는 말이다.

일부 교사는 명시적인 어휘 교육이 학습과 읽기의 총체성을 고려하지 않은 환원적인 지도법이라고 반대한다. 그들은 어휘 지도가 무엇보다 '자연스럽게' 읽는 행위의 즐거움과 위력을 약화시킨다고 주장한다. 이는 빛의 굴절과 색의 스펙트럼에 대해 배우면 무지개의 아름다움에 대한 감동이 없을 것이라고 말하는 것과 같다. 즐거움을 위한 독서와 어휘 지도는 상호 보완적이어야 한다.

우리는 가급적 즐거움을 위한 읽기 활동을 장려해야 하지만 언젠가 우리가 학교에서 DEAR(만사를 제쳐두고 매일 책 읽는 시간, drop everything and read)을 들어본 적이 있다면, 우리는 다음과 같은 질문이 필요하다. 누가 읽는가? 무엇을 읽고 있는가? 복잡한 글을 읽을 때 어떤 어려움이 생기는가? 독서가 아이들의 배경지식을 풍부하게 하고 어휘력을 늘리는 데 어떤 도움이 되고 있는가? 또한 어려운 글 읽기는 즐거울 리가 없다는 생각을 떨쳐 버리도록 도와야 한다. 아일랜드 시인 W. B. 예이츠(W. B. Yeats)는 아이들이 "어려운 일에 대한 매력"을 만끽하도록 도와야 한다고 했다. 이 말은 학년이 올라갈수록 학생들이 학술 어휘에 어려움을 겪는다는 점을 고려할 때, 교사가 반드시 기억해 두어야 할 말이다.

지나치게 즐거움을 위한 읽기만을 장려하는 지도법은 유창하게 읽지 못해 읽기에 즐거움을 느끼지 못하는 수많은 아이에게 부적절한 해결책임이 증명되었다. 이 주장은 나의 주관적 의견이 아님을 밝힌다. 나는 즐거움을 위한 읽기가 가치가 없다고 주장하는 것이 아니다. 내가 교사로 재직하면서 즐거움을 위한 읽기를 권장하고 읽기의 가치를 일깨우기 위해 노력한 결과가 그 증거이다. 그러나 모든 아이가 학업 성공에 필요한 학술적 코드에 접근할 수 있도록 하려면 단어 학습에 의식적이면서도 세심한 주의가 필요하다는 제안을 하는 것이다.

우리는 학교에서 이 문제에 대한 해결책을 모색하고 있다. 폭넓은 독서 활동을 위해 체계적인 접근법을 바탕으로 학술 어휘에 대한 명시적 지도와 더불어 말하기 활동을 병행한다면, 더 광범위하고 까다로운 교육과정을 밟아갈 학생의 어려움을 해결해 줄 수 있게 된다. 그리고 이와 같은 접근은 아이에게 중요한 자기주도적인 단어 학습 전략을 제공해 주므로 그들이 책을 읽다가 새로운 단어를 마주했을 때 성공적으로 의미를 파악할 수 있게 된다. 이러한 전략들은 학교라는 관문을 넘어 평생 학습에 대단한 가치를 지닌다.

아이들에게 '읽기를 위한 학습'뿐 아니라 '학습을 위한 읽기'를 가르치는 일은 모든 교사의 핵심 업무이다. 초기 어휘 학습과 읽기 발달은 물론 필수적이다. 바람직한 사회인이 되는 데에 아이의 읽기 학습을 돕는 일보다 더 중요한 활동이 있다고 생각하지는 않지만 그렇다고 해서 반드시 조기 개입이 훗날의 학습 성공을 담보한다는 입장도 동의하기 어렵다. 아이들은 단순하게 '5살(일반적으로 '읽기를 위한 학습'을 배우기 시작할 때) 수준에 고정되어' 읽기가 저절로 이루어지는 것이 아니다. 이 개념은 소위 '예방 교수법'[27]이라 불리는데, 이 교수법은 초등학교에서 중등학교로 전환하는 시기에 많은 아이가 각자의 전문적 배경지식과 어휘를 가지고 여러 교과목을 다루는 학습 도약을 해내지 못한다는 문제를 도외시하고 있다.

아이들이 '읽기를 위한 학습'을 배운 뒤, '학습을 위한 읽기'를 습득하게 되는데, 이에 필요한 방법적 지식은 모든 교사가 반드시 알고 있어야 한다.

우리는 모든 아이들에게 **'단어 의식(word consciousness)'**을 길러주어야 한다. 단어 인식, 단어에 대한 관심과 호기심을 포괄하는 개념이다. 단어 의식은 모든 아이들이 학교에서 다루는 낯선 학술 어휘를 접근하는 데에 도움이 될 수 있다. 'circle(원)'이라는 단어를 보라. 단어의 어근에 대한 풍부한 역사를 파헤치고자 하는 학생 또는 교사는 과연 몇 명이나 되는가? **어원론(etymology)**에 대한 지식은 **형태론(morphology)**에서 다루는 단어 요소에 대한 지식을 통해 얻을 수 있다. 'circle'의 숨겨진 어근은 그리스어로 '주기'라는 의미를 지닌 'cycl'이다. 이 어근은 '재활용(recycle)', '자전거(bicycle)', '저기압(cyclone)', '백과사전(encyclopaedia)', '삼륜차(tricycle)', '오토바이(motorcycle)'와 같은 유사 단어들에서 발견된다. 단어 요소가 단어 집합과 관련되어 있음을 인식하면 아이들은 심층적인 단어 지식을 개발하여 어휘력을 빠르게 성장시킬 수 있다.

여기서 중요한 점은 학생 스스로 어휘력을 신장할 수 있는 도구를 제공해 주어야 한다는 것이다. 졸업하는 아이들이 5만 개의 단어를 알고 있는 모습을 상상해보면, 이는 매우 설레는 일이다. 우리가 아이들의 어휘 공백을 줄여줄 수 있다. 교실에서 단 몇 백 개의 단어만을 명시적으로 지도하면 아이들은 단어 집합을 배우고, 혼자서도 책을 잘 읽을 수 있는 학습 도구를 갖게 됨으로써 자신의 어휘력을 기하급수적으로 성장시킬 수 있다. 아이들은 매년 대략 3천 ~ 4천 개의 단어를 배울 수 있다. 우리가 매년 이와 같이 가르친다면, 아이들은 자그마치 5만 개의 단어를 획득하게 된다.

아이들의 어휘력 향상에 대한 관심은 학교와 교사 계획의 일부가 되어야 한다. 이 책의 도움을 받으면 다음과 같은 단계를 수행할 수 있다.

1. 교사가 명시적인 어휘 교육에 대한 풍부한 지식과 자신감을 가질 수 있도록 전문성을 키운다.
2. 교육과정 전반에 걸쳐 일관성 있는 계획 하에 명시적이고 명확하게 학술 어휘를 가르친다.
3. 어휘 부진 학생을 지원하는 모델을 기반으로 구조화된 독서 기회를 제공한다.
4. 교실에서 수준 높은 학술 대화를 장려하고 비계를 제공한다.
5. 교실에서 수준 높은 학술적 글쓰기를 장려하고 비계를 제공한다.
6. 학생들의 '단어 의식'을 함양한다(예: 단어의 어원과 형태론적 지식 공유).
7. 학생들에게 독자적인 단어 학습 전략을 가르친다.

단어 학습 및 읽기 능력 발달은 복잡한 문제이므로 다각적이고 전문적인 해결책이 필요하다. 우리는 이 문제를 잘 해결할 수 있으며 우리의 역할과 영향을 측정하고 평가할 수 있다. 어휘 격차를 줄이기 위해 우리는 모든 학생에게 어휘에 대한 관심과 어휘 학습의 높은 포부를 보여주어야 한다. 천재 언어학자이자 작가인 데이비드 크리스탈(David Crystal)이 제시하는 포부다.

교육은 더 큰 세상을 준비해 나가는 과정이고, 큰 세상일수록 큰 말을 가지고 있다. 내가 큰 말들을 많이 알고 있을수록 더욱 잘 살아남을 것이다. 영어에는 수십만 개의 단어들이 있기 때문에 나는 그 단어들을 모두 배울 수 없다. 하지만 이 사실이 내가 영어를 배우기 위해 노력하지 말아야 한다는 것을 의미하지는 않는다.

- 「단어, 단어, 단어」,
데이비드 크리스탈(David Crystal), 124쪽

# ◑ 요약

- 어린 시절부터 단어 결핍 상황에 놓인 아이들은 여러 상황에서 부정적인 결과가 초래될 수 있다. 어린 시절의 제한된 어휘는 성인이 된 후에도 취업, 임금뿐 아니라 건강과 복지 등의 이후 일생에 영향을 미치는 요인이 된다.

- 우리는 어휘 발달의 잠재적 과정을 가시화해야 한다.

- 어휘에 대한 명시적인 지도는 세상에 대한 아이들의 배경 지식과 이해를 풍부하게 한다. 어휘는 다양한 분야의 폭넓은 일반 지식들을 다루는 데에 유용한 대용물이다.

- 연간 3백~4백 개의 단어를 명시적으로 지도하면 아이들은 연간 3천~4천 개의 단어까지 어휘력을 신장할 수 있다. 그러므로 우리는 아이들이 입학해서 졸업할 때까지 대략 5만 개의 단어의 필수 단어 저장고를 개발하도록 도울 수 있다.

- 영국의 새로운 교과 교육과정 문제는 독해력 요구의 증가 문제와 관련이 있다. 복잡한 학술 어휘는 영국의 초중등학교에서 새로운 교육과정의 난이도가 높아지는 현상의 주된 원인이다.

- 아이들이 더 많이 읽도록 지원하는 것은 어휘력 신장에 필수적이지만 우리는 '즐거움을 위한 읽기'에만 의존해서는 안 되며, 효과적인 읽기 지도를 해야 한다. 아이들의 어휘 발달을 위해 단어 학습에 중점을 두고 지도하되, 아이들이 즐겁고 폭넓게 책을 읽도록 장려해야 한다.

# ◖ 주석

1. 단어 지식이 어떻게 측정되는지와 단어에 대해 얼마나 알고 있는지는 어휘량 추정에 영향을 미친다. 다음 기사는 단어 양에 대한 흥미로운 글을 인용한 것이다. 해당 글에 의하면 영국 대학 학부생의 평균 단어 크기가 약 10,000개라고 한다. : Treffers-Daller, J., & Milton, J. (2013). 'Vocabulary size revisited: The link between vocabulary size and academic achievement'. Applied Linguistics Review, 4 (1): 151-172. doi: 10.1515/applirev-2013-0007.

2. Graves, M. F. (2005). The vocabulary book: Learning and instruction (language and literacy series). New York, NY: Teachers College Press.

3. Nagy, W. E., & Herman, P. A. (1987). 'Breadth and depth of vocabulary knowledge: Implications for acquisition and instruction'. In M. McKeown & M. Curtis (eds.), The nature of vocabulary acquisition (pp. 19-35). Hillside, NJ: Lawrence Eelbaum Associates.

4. Crystal, D. (2007). Words, words, words. New York, NY: Oxford University Press.

5. Hirsch Jr, E. D. (2013). 'A wealth of words. The key to increasing upward mobility is expanding vocabulary'. City Journal, 23 (1). 2016년 10월 20일에 온라인으로 접속: www.city-journal.org/html/ wealth-words-13523.html.

6. Spencer, S., Clegg, J., Stackhouse, J., & Rush, R. (2017). 'Contribution of spoken language and socio-economic background to adolescents' educational achievement at aged 16 years'. International Journal of Language Disorders, 52: 184-196. doi: 10.1111/1460-6984.12264.

7. Spencer, S., Clegg, J., & Stackhouse, J. (2012). 'Language and -disadvantage: A comparison of the language abilities of adolescents from two different

socioeconomic areas'. International Journal of Language and Communication Disorders, 47: 274-284. doi: 10.1111/j.1460-6984.2011. 00104x.

8. Ward, H. (24 May 2016). TES online. 'Try the SATs reading paper that left pupils in tears'. 2016년 5월 27일에 온라인으로 접속: www.tes.com/news/school-news/breaking-news/try-sats-reading-paper-left-pupils-tears.

9. Hart, B., & Risley, T. (1995). Meaningful differences in the everyday experience of young American children. Baltimore, MD: Paul H. Brookes Publishing.

10. Horowitz, R., & Samuels, S. J. (2017). The achievement gap in reading: Complex causes, persistent issues, possible solutions. New York, NY: Routledge.

11. Marchman, V. A., & Fernald, A. (2008). 'Speed of word recognition and vocabulary knowledge in infancy predict cognitive and language outcomes in later childhood'. Developmental Science, 11: F9-F16.

12. Cunningham, A. E., & Stanovich, K. E. (1997). 'Early reading acquisition and its relation to reading experience and ability 10 years later'. Developmental Psychology, 33: 934-945.

13. Law, J., Rush, R., Schoon, I., & Parsons, S. (2009). 'Modeling developmental language difficulties from school entry into adulthood: Literacy, mental health, and employment outcomes'. Journal of Speech, Language and Hearing Research, 52 (6): 1401-1416.

14. Department of Education, UK Government (2016). The way of the Dodo. London: Department of Education. Adapted from an article in the London Evening Standard by Ben Gilliland.

15. Willingham, D. T. (2009). Why don't students like school? San Francisco, CA: Jossey Bass.

16. Nagy, W. E., & Anderson, R. C. (1984). 'How many words are there in printed school English?' Reading Research Quarterly, 19: 304-330.

17. Oakhill, J., Cain, K., & Elbro, C. (2015). Understanding and teaching reading comprehension. London: Routledge.

18. Willingham, D. T. (2017). The reading mind: A cognitive approach to understanding how the mind reads. San Francisco, CA: Jossey Bass, p. 128.

19. Elleman, A., Linda, E., Morphy, P., & Compton, D. (2009). 'The impact of vocabulary instruction on passage level comprehension of school-age children: A meta-analysis'. Journal of Educational Effectiveness, 2: 1-44.

20. 'OFQUAL guidance: "Getting the facts"'. (2014). 2017년 2월 1일에 온라인으로 접속: www.gov.uk/government/publications/get-the-facts-gcse-and-a-le vel-reform/get-the-facts-gcse-reform.

21. Snow, C. E., & Beals, D. E. (2006). 'Mealtime talk that supports literacy development'. New Directions for Child and Adolescent Development, Spring (111): 51-66.

22. Carter, R., & McCarthy, M. (2006). Cambridge grammar of English: A comprehensive guide. Written and spoken English. Cambridge: Cambridge University Press.

23. O'Keefe, A., Carter, R., & McCarthy, M. (2007). From corpus to classroom: Language use and language teaching. Cambridge: Cambridge University Press, p. 32. 2017년 5월 5일에 온라인으로 접속: http://npu.edu.ua/!e-book/book/djvu/A/iif_kgpm_OKeefee.%20FCTC .pdf.

24. Massaro, D. W. (2016). 'Two different communication genres and implications for vocabulary development and learning to read'. Journal of Literacy Research, 47 (4): 505-527.

25. Stanovich, K. E. (1986). 'Matthew effects in reading: Some consequences of individual differences in the acquisition of literacy'. Reading Research Quarterly, 22: 360-407.

26. Barton, G. (2013). Don't call it literacy! What every teacher needs to know about speaking, listening, reading and writing. London: Routledge.

27. Shanahan, T., & Barr, R. (1995). 'Reading recovery: An independent evaluation of the effects of an early instructional intervention for at risk learners'. Reading Research Quarterly, 30 (4): 958-996.

# Ⅱ

# 교사라면 누구나
# 읽기에 대해 알아야 할 것들

　제임스(James)는 9학년 첫 영어 수업부터 눈에 띄었다. 다른 학생들이 차분한 분위기에서 열심히 공부하고 있을 때면 제임스는 교실 곳곳을 샅샅이 뒤지면서 자신과 같이 놀 친구를 산만하게 찾곤 했다. 제임스는 학교에서 '꺼벙한 아이', '미성숙한 아이', '공부 못하는 아이'로 불리다가 결국에는 '행실이 나쁜 아이'라는 수식어로 굳어졌다.

　셰익스피어(Shakespeare)나 디킨스(Dickens)의 작품 읽기는 대부분의 학생에게 도전적인 과제로 증명되었다. 제임스와 같은 학생에게 두 문학 작품에 등장하는 정교한 단어들은 수수께끼 같은 유물처럼 느껴질 것이다. 올해 초 한 수업에서, 나는 디킨스의 『크리스마스 캐롤(A Christmas carol)』 한 권을 들고 제임스에게 다가가서 손때가 묻은 책 한 쪽을 읽어달라고 부탁했었다. 그는 조심스럽게 머뭇거리며 한 단어, 한 단어를 소리 내어 읽기 시작했다. 그는 책을 읽으면서 아리송 하다는 표정을 짓더니 허세 부리던 태도는 금세 사라졌다. 그가 천천히 한 단어씩 내뱉을 때마다 그의 읽기 문제는 확연히 드러났다.

제임스와 같은 학생은 잔꾀를 부리면서 학교생활을 이어간다. 읽기 활동을 피하고 배경 지식의 공백과 심각한 어휘력 결핍을 숨긴다. 초등학교에서는 매일 시험을 통해 읽기 실력이 증명된다. 이후 중등학교에서는 여러 수업을 수강하며 각 교과목의 새롭고 낯선 언어를 접하게 된다.

제임스는 수업에서 읽은 내용을 제대로 이해하지 못하거나 학술 어휘 도구로 소통하는 데에 실패할 때마다 자각하지 못하는 손실을 입는다. 시간이 지나면서 이러한 손실은 누적되고, 결국에는 학업 실패로 굳어진다.

## ◖◗ 책 읽기의 어려움

이 장에 '교사라면 누구나 읽기에 대해 알아야 할 것들'이라는 제목을 붙이면서, 괄호 안에 '하지만 교사에게 이를 요구하기는 두렵다 (but were afraid to ask)'라는 말을 선뜻 추가하고 싶었다. 영국의 교직에 대한 흥미로운 사실은 독서가 완전 학습의 토대라는 사실이 입증되었음에도 불구하고 아이들이 어떻게 '읽기를 위한 학습'에서 '학습을 위한 읽기'로 나아가는지 대다수의 교사들이 설명하지 못한다는 것이다.

영어 교사, 특히 읽기 교사로서 나의 개인적인 경험을 말하자면, 나는 거의 독학으로 가르쳤다. 아이들이 실제적인 읽기 방법에 대한 지식을 우연히 끼워 맞추듯 비효율적으로 습득하면 교사와 학생은 분명히 실패하게 된다. 기본적인 해부학 교육만 받은 의사가 〈캐주얼티(Casualty)〉 시리즈와 같은 의학 드라마를 몰아보면서 습득한 지식으로 수술실에서 수술 도구를 집어 들고 수술을 진행한다고 생각하는 사람은 없을 것이다. 모든 교사는 읽기 교사이자 학술 어휘를 가르치는 교사이다. 읽기와 학술 어휘는 아이들에게 가장 중요한 학습 도구이다. 교육자인 우리는 어휘 지도에 이러한 가장 기본적인 진리를 반영해야 한다.

대부분의 6학년 교사가 자신 있게 책을 읽지 못하는 아동을 도울 수 있을까? 예를 들어, 대부분의 GCSE의 화학 교사가 제임스 같은 아이들이 화학 교과의 독특하고 복잡한 어휘와 읽기에 쉽게 접근하도록 지원할 수 있을까? 그 대답은 '아니오'일 것이다. 그럼에도 불구하고, 댄 윌링햄(Dan Willingham)이 일찍이 "내용을 가르친다는 것은 읽기를 가르치는 것이다."라고 말했던 것처럼, 단어 지식은 세상을 살아가는 데에 필수이며, 화학에서 컴퓨터 과학에 이르기까지 모든 교과에서 매우 중요하다는 사실이 입증되었다.

이 책을 읽고 있는 당신은 '**정신 모델(mental model)**'을 구축하고 있다. 당신은 이 책을 읽으며 어휘, 읽기, 교수, 학습이라는 주제와 논지를 종합하여 정신 모델을 형성하고 있다. 다행히도 당신은 풍부한 단어와 배경 지식을 적용하며 글을 읽을 수 있다. 학교, 대학, 직장, 그 외의 많은 곳에서 책을 읽으면서, 비문학 글의 구조(제목, 인용문, 도표), 단어 선택, 규칙 및 관습을 적용한다. 새롭고 낯선 단어를 발견하면, 문맥을 통해 의미를 쉽게 추론하거나 자료를 훑어보고 참조하거나 웹 검색을 통해 더 많은 정보를 얻는다. 전문적인 성인 독자들에게 이 모든 것은 아주 간단한 일이다.

외견상으로 직관적인 읽기 행위를 세부적인 기능 관점에서 보면 초보 학생은 글을 읽으면서 자신감 있게 '정신 모델' 형성에 필요한 기능을 저절로 또는 자연스럽게 습득하지 못한다. 취약한 독자는 대개 우리에게 당연시되는 어휘와 장르에 대한 이해가 부족하다. 또한 이미 알고 있는 정보와 낯선 단어를 연결할 수 있는 배경지식도 없다. 그리고 알고 있는 지식의 공백을 메우기 위해 신속하게 조사할 수 있는 방법적 지식도 충분하지 않다. 대부분은 자신이 무엇을 모르는지조차 인지하지 못한다.

그렇다면 '어휘 격차'는 취약하고 초보적인 독자와 숙련된 독자의 지식과 이해를 비교하는 데에 유용한 대용물이다. 초보 독자의 양상은 우리가 가르치는 5세 아동뿐 아니라 15세 아동에게서도 쉽게 볼 수 있다. 영국 학생 중 5분의 1이 제2언어로 영어를 사용하고 있다는 현실을 고려할 때, 우리는 읽기의 본질을 가르치는 데 더 많은 노력을 기울여야 한다.

만약 아이들이 읽기에 취약한 상태로 졸업한다면 그들의 행복, 직업적 전망, 심지어는 신체적, 정신적 건강에 부정적 영향을 미칠 수 있음을 우리는 알고 있다. 이를 두고 마크 세이덴버그(Mark Seiden-berg)는 "언어학 입문 과정은 아이들을 지도하는 데에 필수 과정이어야 한다. 그리고 교육자는 언어가 어떻게 작동하는지 알아야 한다."라고 주장했다.[1] 그의 주장에 누구도 공감하지 못할 사람은 없을 것이다. 제임스와 같은 아이들의 미래는 읽기라는 중요한 활동과 학교의 학술 어휘를 알고 학습하는 능력에 달려 있다.

읽기 능력의 발달과 어휘 지식의 축적이 시간이 지남에 따라 우연적이고 암묵적으로 일어난다는 사실을 우리는 알고 있다. 이 같은 발달 양상은 대체로 우리 눈에 보이지 않는다. 대부분의 아이와 성인은 유능한 독자가 되고 어휘력을 키우는 데에도 성공을 거둔다. 그러나 대다수의 아동이 체계적이고 명시적인 어휘교육을 받지 않아도 읽기 능력을 성공적으로 터득한다고 해서 학교에서 이루어지는 어휘교육의 실질적인 가치를 입증해야 한다는 의미는 아니다. 이 책을 읽는 대부분의 독자는 전략적인 주입식 교육을 통해 어휘를 개발하고 학습하지는 않았을 것이다. 하지만 학문적 읽기에 대한 승자와 패자는 암암리에 다른 태도를 보인다. 승자들은 자신들이 어떻게 어휘 학습에 성공했는지 설파하겠지만, 패자들은 토론의 장에서 함구하는 모습을 보일 것이다.

당신은 교실 속에서 무의식적으로 '전문가의 저주(curse of the expert)'를 내보일 수도 있다. 풍부한 학술 용어 속에서 살아온 교사는 지리나 수학을 가르치면서, '낙엽'에서 '십진법'에 이르기까지 자신이 사용하는 복잡한 단어를 교실 속 대다수 학생이 알고 있을 것이라는 가정 하에 설명하기도 한다. 우리는 자신도 모르게 수많은 학생의 미묘한 어휘 공백을 간과하기 쉽다.

모든 교사는 교육과정의 변화를 좇으면서 담당 교과 지식과 씨름하고, 수업 준비하고 시험을 채점하는 등 많은 업무에 바쁘게 시달린다. 그렇다 하더라도 아이들이 어떻게 '읽기를 위한 학습'에서 '학습을 위한 읽기'로 나아가는지에 대한 심층적 이해에 도달하는 과정을 우연에 맡기기에는 너무나 중요한 일이다. 읽기 발달에 대한 명확한 지식을 가진 교사일수록 읽기 기초 기능을 더 잘 가르친다는 사실을 알고 있다.[2,3,4] 그래서 우리가 읽기에 대해 더 많이 알고자 하는 노력의 결과는 우리 자신에게 달려 있다.

이 장의 나머지 부분에서는 가장 정교하고 뛰어난 인지 과정인 읽기의 복잡성을 축소하는 데에 할애하고자 한다. 이 내용이 교과목, 발달 단계, 가르치는 아동의 연령과 관계없이 모든 교사에게 명확하고 유용하기를 바란다. 읽기 활동을 설명할 내용 중 일부는 언어학 입문 과정에서 다룰 만한 내용이지만, 교사라면 누구나 알아야 할 어휘 지식의 일부임에는 틀림없다.

## ◐ 읽기 지도에 대해 우리가 아는 것

우리는 읽기에 대해 꽤 많이 알고 있다. 문해력은 지구상에서 가장 많이 연구된 주제 중 하나이며, 전 세계를 좀먹게 하는 문맹 문제는 여전히 정치인과 교사가 근절하기 위해 고군분투하고 있는 국제적 문제이다. 영국은 세계에서 가장 부유한 나라 중 하나이지만, 수 십 년 만에 처음으로 청소년층(16세~18세) 문맹률이 노년층(55세~65세) 문맹률을 넘어섰다.[5]

현대사 관점에서 볼 때 인류의 IQ는 느리지만 꾸준하게 상승세를 보이고 있는 만큼 문해력 문제는 단순히 우려하는 것에 그쳐서는 안 되고, 강력한 조치가 필요하다. 영어는 수많은 언어들에 비해 유독 어렵다. 그 이유는 영어가 **심층 철자 체계(deep orthography**, 철자 체계는 언어의 철자법을 말한다)를 지닌 언어이기 때문으로 알려져 있다. 즉 영어 알파벳의 각 철자는 다양한 잠재적 소리들에 대응된다. 예를 들면 'sh' 소리 ‒또는 **음소(phoneme)**‒는 shell(조개), fish(물고기), special(특별한), station(정거장), caption(제목), passion(열정), sugar(설탕)과 같이 철자 변형이 이루어진 수많은 단어들에서 찾을 수 있다. 이와 반대로 핀란드어처럼 **표층 철자 체계(shallow orthography)**를 가진 언어는 소리와 철자의 대응이 상당히 일치하며, 문자는 일관된 하나의 소리에 직접 대응된다.

이로 볼 때 영어 읽기는 초보 독자에게 특히나 어려운 도전임이 분명할 것이다. 영어에 내재한 고유의 난점도 있지만 이와 더불어 읽는 두뇌에는 매우 복잡한 일련의 읽기 과정을 결합하는 능력도 갖고 있다. 읽기를 이루는 각 기능들은 서로 연결되어 있기 때문에 한 기능만 분리하여 가르칠 수 없다. 이 점을 고려할 때 어휘 지식이 성공적인 읽기 활동에 반드시 필요하지만, 읽기 과정의 일부이기도 하다는 사실을 인지해야 한다.

그림 2.1[6]의 KS2의 문해력 향상을 위한 지침서[7]에 제시된 홀리스 스카보로우(Hollis Scarborough) 박사의 '읽기 로프(reading rope)'는 복잡한 읽기 과정을 가장 잘 표현하였다. 자세한 내용은 교육기부재단(Education Endowment Foundation)의 보고서를 참고하길 바란다.

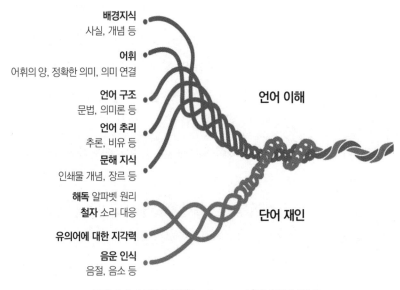

배경지식
사실, 개념 등

어휘
어휘의 양, 정확한 의미, 의미 연결

언어 구조
문법, 의미론 등

언어 추리
추론, 비유 등

문해 지식
인쇄물 개념, 장르 등

해독 알파벳 원리
철자 소리 대응

유의어에 대한 지각력

음운 인식
음절, 음소 등

언어 이해

단어 재인

그림 2.1 스카보로우(Scarborough)의 '읽기 로프'
(KS2의 문해력 향상을 위한 지침서)

'읽기 로프'는 숙련된 읽기의 두 가지 핵심 요소인 '단어 재인'(word recognition 개별 단어를 인지하는 능력)과 '언어 이해'(language comprehension 단어, 문장, 글, 장르를 이해하는 능력)를 잘 보여준다. '읽기에 대한 단순 관점(Simple View of Reading)' 모델은 모든 교사가 잘 이해하고 있지는 않다. 이 모델은 '읽기에 대한 학습'을 지도해야 하는 초등학교 교사에게 훨씬 더 잘 알려져 있다. 그래서 '학습을 위한 읽기'를 주로 다루는 대부분의 고학년 교사는 아이들이 효과적으로 읽고 이해하도록 돕는 데 어려움을 겪을 것이다.

유아반 수업부터 고등학교나 대학교를 졸업할 때까지 교사는 아이들의 '읽기 로프'를 강화하기 위해 애쓰고 있다. 어휘력 향상에 세심한 주의를 기울임으로써 모든 학습에 있어서 필수적인 읽기에 집중한다. 어휘 요소는 로프에서 절대 없어서는 안 될 가닥이며, 더 많은 배경 지식과 이해 능력을 교실 수업에 성공적으로 접목시킬 수 있음을 보여주는 요소이다.

그렇다면 제임스와 같은 아이들에게 이 로프는 어떻게 적용할 수 있을까?

제임스의 형편없는 읽기 능력에 대한 해답은 그의 명백한 유창성 부족 문제에서 찾을 수 있다. 제임스가 상대적으로 1분당 읽는 단어 수가 적은 것은 해독 능력이 부족해서가 아니다. 제임스는 약간 머뭇거리기는 했지만 개별 단어를 소리 내어 말할 수는 있었다. 하지만 디킨스(Dickens)의 글에서 자주 보이는 낯선 단어들이 즐비한 긴 문장을 마주했을 때 자신감은 하락하고, 읽는 속도도 느려지면서 고전하기 시작했다. 나는 작가가 사용하는 단어를 어떻게 이해하는지 알아보기 위해 던진 몇 가지 질문을 통해 제임스의 어휘 지식의 공백을 발견할 수 있었다. 제임스는 단어를 해독하고 꽤 유창하게 소리 내어 읽을 수 있었지만, 작품 줄거리의 '정신 모델'을 형성할 만큼 충분히 이해하지 못했다. 제임스가 '숫돌(grindstone)', '비통한(wrenching)', '갈망하는(covetous)', '죄인(sinner)'이라는 단어가 들어 있는 단 한 문장을 이해하고자 고군분투하며 읽었지만 그가 개인적으로 보유한 단어 저장고를 훨씬 넘어서는 수준을 요구하였다.

제임스도 바쁜 선생님에게도 빠르고 간단한 해결책은 없겠지만, 해결의 실마리는 제임스의 단어 문제를 제대로 파악하는 데에 있다. 제임스를 다른 방식의, 더 효과적으로 가르치는 일은 우리에게 달려있다. 모든 교사는 제임스와 같은 학생을 교실에서 만난다. 우리는 주로 제2언어 학습자를 가르친다(일부 학생은 여러 언어를 이해하는 데 매우 능숙하다). 어휘 지식에 난해한 차이가 있는 학생들, 난독증처럼 심각한 언어 장벽이 있는 학생들, 연령에 따른 기대 수준을 월등히 뛰어넘는 탁월한 언어 기술을 가진 학생들도 가르친다. 이러한 이유로 우리는 모두 읽기 과정을 더 잘 이해해야만 하는 읽기 교사이다.

## ● 효과적인 읽기 교육을 위한 '5대 요소'

지난 2000년 미국에서는 독서 전문가 위원회가 읽기 교육에 활용할 수 있는 가용 자료를 조사하여 효과적인 읽기 교육을 위한 **5대 요소(Big Five)**를 고안하였다(그림 2.2 참조).[8] 이는 오늘날까지 우리에게 강력하고 유익한 교육용 모델로 남아 있다. 이 장에서는 마크 세이덴버그(Seidenberg)가 추천한 언어학 입문 과정을 다루지 않는다. 그러나 읽기 행위를 구성하는 상호 연결된 과정을 아는 것은 모든 교사에게 중요하다.

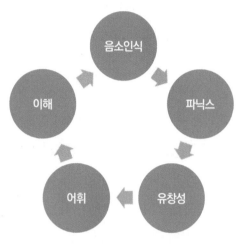

그림 2.2 효과적인 읽기 교육을 위한 '5대 요소'
(국가읽기위원회 보고서 2000)

## 1. 음소 인식

**음소(phoneme)**는 단어의 가장 기본적인 소리 단위이다. 예를 들어 고양이(cat)라는 단어에는 세 개의 음소가 있다. /c/ /a/ /t/. 만약 고양이가 접시를 핥았다면(cat lapped from a dish), 당신은 네 개의 철자에 대응되는 세 개의 음소를 인식할 것이다. /d/ /i/ /sh/. 음소 인식은 단어가 소리의 조합으로 구성된다는 점을 인지하는 것이다. 음소 인식은 읽기 학습에 필수적이다.

이 과정은 주로 초기 읽기 단계에서 발달하며 다음과 같은 여러 방식으로 음소 인식 능력을 평가할 수 있다.

- **음소 식별**: 다음 단어들 rule(규칙), rude(무례), ride(성숙)에서 공통적으로 나타나는 소리는 무엇인가?
- **음소 분리**: 단어 'radish(무)'의 끝소리는 무엇인가?
- **음소 삭제**: 단어 'ripe(익다)'에서 'e'를 빼면 어떤 소리가 남는가?
- **음소 합성**: /sh/ /o/ /p/ 소리를 합하면 어떤 소리가 되는가?

초등학교 교사는 이러한 전략 중 대부분을 전문적으로 다루지만, 일반적으로 아동의 기본적인 읽기 유창성이 발달한 뒤에는(대체로 아동은 4세 전후에 발달함) 위와 같은 지도 전략은 더 이상 필요하지 않다. 중등학교에서는 현대 외국어(MFL) 교사가 제2언어 학습자가 이와 유사한 전략을 사용하거나 과학 교사가 화학 수업에서 '알칸(alkanes)'이 어떻게 '포화 탄소화합물(ane)'이라는 뜻을 가진 명사적 어미를 공통으로 갖고 있는지 탐구하는 방식으로 음소 인식에 기대어 단어 집합을 가르치는 모습을 볼 수 있다.

음소 인식은 말소리를 '알파벳 원리'로 번역하여 특정한 소리(음소)를 문자(자소)에 대응시키는 능력으로 읽기의 기반이 된다. 단어를 이루는 음소를 식별하고, 분리하고, 삭제하고, 합성하는 능력은 성공적인 어휘 개발 및 읽기 능력을 갖추기 위해 필요한 첫 단계이다. 음소 인식 능력이 없으면 아이들은 학술적 교육과정에 접근하는 데에 어려움을 겪을 수밖에 없다.

단어 형성과 철자법에서 말소리와 '알파벳 원리'의 역할에 대한 자세한 내용은 6장을 참조하라.

## 2. 파닉스

파닉스는 다양한 소리와 문자의 관계와 까다로운 변형을 통해 소리와 문자가 서로 어떻게 대응되는지 인식하도록 가르치는 언어지도법이다. **통합적 파닉스(synthetic phonics)**는 예를 들면, 개별 소리를 /c/, /a/, /t/로 식별한 다음 cat(고양이)으로 조합하여 방식으로 가르친다. 심층 철자 체계인 영어는 알파벳 26개 글자는 44개의 소리, 즉 음소를 갖고 있기 때문에 통합적 파닉스는 매우 복잡한 지도법일 수 있다. 그리고 영어는 약 144개의 소리와 문자를 조합하여 대략 50만 개의 단어를 형성한다.[9] 대부분의 단어는 cat(고양이)과 같은 조합 방식보다 훨씬 더 까다롭다.

영어의 복잡한 소리 체계와 알파벳 코드는 초등학교 입학하자마자 처음부터 신속하게 체계적인 순서로 파닉스를 가르치는 구조화된 접근법으로 다루어진다. 알파벳 코드에 대한 자신감 있는 이해는 언어 및 어휘 개발에 있어 중요한 토대가 된다. 일단 알파벳 코드에 숙달되면 해독은 자동으로 이루어진다.

다음은 해독에 도움을 주는 파닉스 용어 해설이다.

- **합성**: 소리를 식별한 다음 조합하는 과정
  예) /d/, /o/, /g/는 dog(개)가 된다.

- **이중음자**: /sh/처럼 두 개의 글자로 하나의 소리를 내는 것

  예) 이중음자에는 모음 이중음자, 자음 이중음자, 분리된 이중 음자 등 다양한 유형이 있다.

- **분리된 이중 음자**: 이중음자가 자음에 의해 분리되는 것

  예) 'wrote'에서, 'oe'는 하나의 소리이나, 't'에 의해 분리되었다.

- **자소**: 하나의 소리(음소)를 표시하는 글자 또는 글자 결합

  예) 'ck', 'igh', 't', 'sh'

- **음소**: 단어의 최소의 소리 단위

  예) 'pad'에서 /p/

- **자소-음소의 대응**: 자소와 음소를 대응시키는 능력

- **CVC**: 자음+모음+자음의 약자로, 'fat'과 같이 단어를 이루는 가장 일반적인 소리 순서

- **통합적 파닉스**: 학교에서 영어를 가르치는 가장 보편적인 방법으로, 철자 소리를 가르치기 전에 개별 철자의 소리(음소)를 조합하여 새로운 단어를 읽도록 가르치는 방법

- **분석적 파닉스**: '음소 인식'에 따른 지도법으로, 이미 알고 있는 단어, 예를 들면 'shot', 'sharp', 'shave'과 같은 단어에 포함되어 있는 /sh/와 같은 공통 음소를 바탕으로 새로운 단어를 읽도록 가르치는 방법

아이들은 단어를 소리 내어 읽는 법을 배우면 철자의 연결, 일반적인 단어 요소, 전체 단어 등과 같은 단어 구성을 신속하게 파악하기 시작한다. 수개월 또는 수년에 걸쳐 쌓는 독서 경험을 통해 아이들은 소

리와 글자의 대응을 방대하게 축적한다. 읽기를 배우는 아이는 우리가 너무도 당연시하는 단어 패턴 및 의미 파악이라는 장엄한 행위를 하는 것이다.

단어의 말소리를 해독하고 조합하는 데에 확신이 없는 아이들은 읽기에 어려움을 겪을 것이다. 우리는 이러한 모습을 초등학교 입학 즈음에 볼 수 있지만, 중등학교의 많은 학생도 교육과정의 거의 전 교과목에서 해독 문제를 겪고 있으며, 이로 인해 그들은 학습 진도를 따라가지 못하고 있다. 이러한 상황에 놓인 학교는 적절한 교육적 처방과 평가를 통해 아이들의 읽기 발달을 추적 관찰해야만 한다. 또한 여기서 중요한 것은 모든 교사가 아이들이 파닉스와 읽기를 배우는 방법에 대한 최소한의 기본적인 이해를 갖고 있어야 한다는 점이다.

파닉스를 먼저 가르치는 것이 조기 읽기 능력을 개발하는 데 효율적이고 효과적인 방법이다. 읽기에는 단순히 해독하는 것 그 이상의 기능이 요구된다. 독해에는 언어와 어휘에 대한 복잡하고 깊은 이해가 필요하다는 유의미한 증거가 많다. 저명한 언어학자 루이사 모츠(Louisa Moats)는 다음과 같이 말했다. "아이는 해독할 수 없는 것은 이해하지도 못한다. 하지만 해독한다고 하더라도 이해하지 못하면 무의미하다."[10]

거듭 강조해도 지나치지 않겠지만, 단어 해독에 있어 어휘의 폭이 중요한 이유는 이미 알고 있거나 알고 있던 단어처럼 들리는 단어가 해독하기 더 쉽기 때문이다.[11]

## 3. 유창성

글을 읽을 때마다 해독은 숙련된 운전자가 특별히 주의를 기울이지 않고도 자동차를 운전하는 것처럼 자동으로 이루어져야 한다. 우리는 초당 약 4~5단어만 읽을 수 있어도 잘 이해할 수 있다. 이를 가정해보면, 우리가 약 7만 7천 개의 단어로 구성된 해리포터 소설을 4시간이 조금 넘는 시간 안에 읽을 수 있다는 것이다.[12] '속도, 정확성, 표현력'[13]으로 이루어진 유창성은 학교와 가정에서 이루어지는 짝 읽기, 반복 읽기 등과 같은 활동을 통해 길러진다.

아이들은 단어와 의미 사이의 **'빠른 연결(fast mapping)'**이 가능하다. 즉, 짧은 순간에 단어를 인식할 수 있다는 뜻이다. 그러나 대개 학교에서 접하는 난해한 학술 어휘를 짧은 시간에 인지하려면 수많은 반복적인 노출이 필요하다. 아이들은 지속적으로 읽기를 연습하고, 점점 더 많은 책을 읽으면서 읽기 유창성이 발달한다. 복잡한 학습 목적의 글을 접하기 전에 질문을 빠르게 읽고 이해한 뒤 독해 문제를 잘 풀어서 좋은 성적을 거두게끔 하는 능력은 읽기 유창성과 관련이 있다. 아이는 유창하게 읽을수록 글과 글 속 어휘의 의미 파악에 더 깊이 있는 정신적 에너지를 쏟을 수 있다.

유창한 독자는 단어를 자동으로 인식하면서 목소리에 생생한 감정 표현을 불어 넣을 수 있기 때문에 책을 소리 내어 읽으면 '자연스러운' 연설처럼 자신감 있고 명료하게 들릴 것이다. 대부분의 교사는 아이의 책 읽는 소리를 잠깐 들어보면 유창한 독자인지 아닌지 금세 알아차릴 수 있다.

아이가 대략 100개의 단어로 이루어진 글에서 10개 단어 이상을 읽는 데 어려움을 느낀다면 유창성 문제를 해결해야 하는 것이다. 간단한 전략이 아이들에게 도움이 될 수 있다. 다시 읽기는 유창성 향상을 위한 핵심 전략이다. 여러분은 주어진 글을 두 번 혹은 세 번 읽은 적이 있는가? 교사의 지도하에 이루어진 짝 읽기 활동은 다시 읽기 연습을 위한 안전하고 실용적인 전략이 될 수 있다.

제임스의 이야기로 돌아가 보자. 우리는 그가 유창하게 읽지 못한다는 사실을 안다. 그는 대부분의 단어를 해독하고 소리 내어 읽을 수 있지만 자신감 있게 읽던 행위는 얼마 지나지 않아 생소한 어휘와 씨름하면서 좌절하게 될 것이며, 나중에는 소리 내어 읽지도, 단어의 의미를 이해하려고 하지도 않을 것이다. 제임스는 문장 속에서 단어가 어떤 의미인지도, 저자가 무엇에 슬퍼하고 행복해 하는지도, 독자는 어떤 점에 감동해야 하는지도 모를 것이다. 제임스의 경우 유창성 부족이 읽기 병목 현상의 원인이 된다. 예를 들어 제임스가 스크루지(Scrooge)가 "사기꾼(Humbug)!"이라고 말하는 부분을 읽고 있다면, 단어 지식은 매우 중요하다. 어휘를 어느 정도의 깊이 있는 수준으로 이해하고 있지 않으면 적절한 감정 표현을 감지하기가 더 어려울 것이다. 단어를 많이 알고 깊이 이해할수록 읽기 유창성이 더 높아진다는 점은 의심할 여지가 없다.

## 4. 어휘

당신은 읽기 전문가가 어휘의 중요성을 놓쳤을 것이라고 생각하지는 않았는가? 물론 읽기의 궁극적인 목적은 이해력, 즉 글의 의미를 이해하는 것이다. 일부 아이들은 능숙하게 해독하지만 특수한 어휘 지식이 부족하고 글의 배경지식에 있어 상당한 공백이 있기 때문에 여전히 글을 이해하는 데에 어려움을 겪고 있다.

아동은 'cracking(균열)'이라는 단어를 해독하고 일반적인 용법에 대한 이해를 바탕으로 단어를 소리 내어 말할 수는 있다. 하지만 화학에서의 'cracking(분해)'이라는 단어는 매우 특수한 의미(큰 탄화수소가 작은 탄화수소로 분해되는 과정과 관련이 있는 의미)를 갖고 있다는 사실까지 알려면 심층적인 어휘 지식이 더 필요하다. 이 책을 읽는 숙련된 독자들 ―비과학자―도 이 정도의 깊이 있는 단어 지식은 모를 수도 있다.

심층적인 어휘 지식은 단어 구성 방식을 만들고 의미를 변별하게 함으로써 아이가 글의 의미를 탐색하는 데에 도움을 준다. 우선 단어 'break'를 해독할 수 있다면, 그 단어가 글과 일상의 소통 맥락에서 어떻게 작동하는지 심층적인 어휘 지식을 개발할 필요가 있다. 무려 70개의 다른 의미[테니스에서 게임을 '따내다(break)', 유리창을 '깨뜨리다(break)', 학교의 '쉬는 시간(break)', 과로로 인한 '신경 쇠약(breakdown)' 등]를 갖고 있듯 'break'와 같은 단어 하나를 이해하려면 방대한 어휘 지식을 활용해야 하므로 단어 이해의 폭을 넓혀야 한다.

명시적인 지도법으로 난해한 학술 어휘를 배우면 그 어휘의 복잡한 의미를 처리할 수 있을 것이다. 에이미 벤자민(Amy Benjamin)은 그녀의 책인『읽기-쓰기 워크숍 어휘 불어넣기』에서 '단어 깊이'를 다음과 같이 설명한다.

> 단어를 진정으로 이해하고 오래 기억하려면 시간을 투자하여 단어의 역사와 어족(어원), 민감성, 동의어, 유사-동의어, 반의어, 유사-반의어, 철자법, 형태론(단어 요소)을 공부하고 이에 대해 잘 알아야 한다.[14]
>
> -『읽기-쓰기 워크숍에 어휘 불어넣기』,
> 에이미 벤자민(Amy Benjamin), 12쪽.

3장에서 단어의 깊이에 대해 후술하므로 잠시 기다려주기 바란다.

우리는 단순히 휴대전화로 글을 읽거나 이야기를 훑어보며 여가를 보낼 때도 우리는 무의식적으로 자신의 어휘 저장소를 업데이트하기 위해 이미 알고 있는 단어에 새로운 의미를 추가하고, 새로운 단어를 저장하며, 기존의 단어와 새로운 단어를 연결하고, 단어 구성 방식을 인식하며 의미를 생성한다.

## 5. 글 이해

어휘 지식은 뛰어난 독해력의 핵심이며 동시에 이해력은 어휘 개발에 필수적이다. 읽기의 궁극적인 목표는 글의 이해이다. 따라서 최종적으로 아이들은 학교 교육을 통해 교실 안팎의 상황에서 글을 이해할 수 있어야 한다.

존 퍼스(John Firth)라는 저명한 언어학자는 다음과 같은 명언을 남겼다. "단어의 의미는 맥락을 통해 파악할 수 있다."[15] 우리는 새로운 단어를 보면 그 단어에 수반된 단어 지식을 활용한다. 단어의 정확한 의미를 모를 때에 연관된 단어의 의미를 찾아보고, 단어에 대해 질문하는 이유는 어휘 지식과 이해 전략이 연결되어 있기 때문이다. 단어를 많이 알고 있을수록 주어진 글의 의미를 응집하는 정신 모델을 수월하게 형성할 수 있다.

또한 글을 제대로 이해하려면 어순에 대한 이해가 중요하다. '그는 플라곤을 마셨다(he drank from the flagon)'와 같은 역사적인 배경을 지닌 문장을 보았을 때, 한 아이는 구식 단어 '성찬식용 포도주병(flagon)'에 대한 지식이 없어도 이 단어가 명사이고, 마시는 행위를 연상했다면 단어의 의미를 대략적으로 이해할 수 있다. 위 문장의 문맥과 문법은 아이들로 하여금 오독하도록 만들어진 것이지만(7장에서 더 자세히 설명할 것임), 글을 이해하는 데에 어려움을 겪는 아이들에게 오히려 유용한 단서를 제공하였다.

물론 글 이해의 어려움은 단어의 난이도로 결정되지 않는다. 문장 길이와 복잡성, 장르, 글 구조 등은 학생이 글을 읽기에 어려운지의 여부를 결정하는 데 영향을 미친다. 많은 학생이 단어 해독 능력은 갖추었지만, 이해력에 있어서는 큰 편차를 보인다. 어휘 지식이 폭 넓고 깊지 않다면 다소 어려운 글을 읽을 때 적절한 추론을 하기 어렵다. "그는 자신이 통솔할 기회를 대단히 즐길 줄 알고 있었다.(he knew he would relish the opportunity to take the lead)"와 같은 '오지시 문맥(잠재적으로 오독의 소지가 있는 문맥)'을 가진 문장이 주어지면, 어휘 지식이 얕은 아이는 'relish(대단히 즐기다)'를 '기회를 잡다'라는 의미로 추측할 것이다.

독해 부진아는 7~11세 아동의 약 10%를 차지하는데,[16] 이러한 지표는 모든 초등학교 교실에서 이해력을 자주 점검하는 것이 중요하다는 점을 시사한다. 독해 부진아는 대체로 단어 해독은 가능하지만, 어휘 지식은 빈약하고 비유와 같은 정교한 표현을 읽을 때 고전한다는 사실이 입증되었다. 중등학교로 전환기에 '학습을 위한 읽기'의 수준이 심화하기 때문에 독해 부진아는 어려움을 겪을 수 있다.

우리는 학생이 글을 읽으면서 질문을 생성하고, 요약하고 도해 조직자 사용하는 등의 읽기 전략이 능숙한 독자의 읽기 전략을 내면화하고 읽기 능력을 개발하는 데 유용하다는 점을 알고 있다. 또한 책을 많이 읽을수록 세상에 대한 지식과 이해가 커진다는 점도 안다. 이렇게 읽기 능력이 쌓이면 앞으로 마주하게 될 어떤 유형의 새로운 독서에 있어서도 더 많은 배경지식을 활성화하고, 읽고 있는 글에 대해 더 나은 질문을 하고, 자신의 지식 공백을 확인하는 등의 다양한 활동을 할 수 있을 것이다.

GCSE의 생물이나 예술 교과를 아이들로 가득 찬 교실에서 가르치는 상황과 바쁜 교사가 무슨 관련이 있을까?

당연하게도 우리는 교실 속 학생 집단을 동질적인 집단으로 본다. 과제를 설정하거나 그들이 다룰 주제에 대한 글을 제공할 때에 특히 더 그렇다. 우리는 이와 같은 상황에서 모든 학생이 자신 있게 읽을 수 있는 글을 선정하기 위해 글의 이독성을 판단하는 작업에 시간을 할애하지 않는다. 게다가 생물학 수업에서 다루는 '분류하다(classify)', '조절(regulate)', '절연(insulate)', '시상하부(hypothalamus)', '항상성(homeostasis)'과 같은 단어부터 GCSE 미술 수업에서 다루는 '플랑부아양 양식(flamboyant)', '조형의(formative)', '당대의(contemporaries)', '짧게 깎다(pares down)', '실험적인(experimental)'과 같은 단어에 이르기까지 쉽게 이해할 수 있을 것처럼 보이는 설명문에도 학술 어휘가 가득할 수 있다.[17] 이때 아이들이 잘 알지 못하는 까다로운 단어의 의미를 파악하는 데에 집중하다 보면 교과 학습에 방해를 받을 수밖에 없다.

교사가 학생 집단을 어떻게 나누든 모든 교실 속 아이들은 읽기를 방해받는 문제를 겪고 있을 것이다. 아이들은 자신의 배경지식과 글에서 요구하는 단어 지식에 상당한 간극이 있을 것이다. 만약 우리가 이러한 읽기 과정을 더 잘 이해하고 있다면, 학생들이 글 읽기에 고전하고 있는 시기를 더 잘 알아차릴 수 있으며 보다 어려운 글을 과감히 읽을 수 있도록 지원할 수 있다.

## ◑ 유능한 독자는 어떻게 읽는가?

읽기는 매우 복잡한 행위이므로 잘못된 방향으로 빠질 가능성이 많다. 만일 '5대 요소' 중 하나라도 갖추고 있지 않다면, 아이는 자신이 읽는 글을 제대로 이해하지 못할 수 있다. 역동적인 교실 안에서는 단어 지식과 배경지식에 대한 오해가 있을 수 있으며, 그 격차는 드러나지 않을 수 있다. 따라서 제임스와 같은 아이들을 효과적으로 돕기 위해서는 유능한 독자의 습관적 행위부터 알려주는 것이 바람직하다.

나의 제자 중 한 명인 제인(Jane)을 새로운 예로 들어보겠다. 제인은 어떤 교사라도 알아차릴 수 있는 우수한 학생이다. 제인은 다양한 읽기 전략을 활용해 자신 있고 유창하게 글을 읽는다. 누가 보더라도 이렇게 글을 읽는 제인의 모습이 자연스럽지 않다고 아무도 생각하지 않을 것이다. 차분히 앉아 어려운 글을 묵독하는 제인의 모습은 방대한 배경지식과 풍부한 단어를 소환하는 지적 활동이 일어나고 있을 것이다.

그렇다면 제인과 같은 유능한 독자에게서 두드러지게 나타나는 공통적인 요소는 무엇일까? 다음 목록은 성공적인 독자의 전문 지식을 가시화하고자 정리한 것이다.

- 유능한 독자는 단어를 유창하게 해독하고, 의미를 신속하게 대응시키며 배경지식과 연결한다.

- 유능한 독자는 폭넓고 깊은 어휘 지식을 가지고 있다.

- 유능한 독자는 글 이해하기 위해 방대한 배경지식을 적극적으로 활용한다.

- 유능한 독자는 빠르고 정확하며 적절한 표현으로 읽는다.

- 유능한 독자는 더 많은 노력과 끈기를 갖고 오래도록 읽는다.[18]

- 유능한 독자는 책을 많이 읽고 어휘에 반복적으로 노출되어 단어 지식의

깊이를 더하고 더 많은 배경지식을 얻는다.

- 유능한 독자는 글 구조에 대한 견고한 지식을 갖고 있으며, 제목처럼 글 구조를 드러내는 특징을 찾아 지식을 기억하기 쉽게 도식화하여 정리한다.

- 유능한 독자는 예측이나 요약과 같은 이해 전략을 자동으로 활용한다.

- 유능한 독자들은 끊임없이 자신의 이해 과정을 점검하면서 "제대로 이해하고 있는가?"와 같은 질문을 스스로 한다.

읽은 내용에 대해 간단한 질문을 하는 것도 상당한 기술과 지식이 필요하다. 양자 물리학에서 낭만주의 시에 이르기까지 제인은 새로운 주제를 담은 책을 읽으면서 많은 질문을 한다. 읽기 전에 그녀는 본능적으로 스스로에게 다음과 같은 질문을 할 것이다. 이 글은 무슨 장르이지? 내가 이와 같은 글을 읽은 적이 있었나? 이 글의 주제에 대한 내 배경지식에는 어떤 공백이 있을까? 그녀는 글을 읽는 동안에는 다음과 같은 질문을 할 것이다. 내가 요점을 이해하고 있는가? 이 글이 내가 이전에 읽었던 글과 어떻게 연결되는가? 이 단어는 이 문맥에서 무엇을 의미하는가? 글을 읽고 나서는 다음과 같은 질문을 할 것이다. 이 글을 요약하거나 설명해 볼까? 내가 좀 더 알아야 할 것은 무엇이지?

이제 제인은 중등학교에서 좀 더 성숙한 독자로 성장하면서, 자신이 역사책을 읽는 방식이 꽤 독특하다는 사실을 암묵적으로 인식하게 된다. 한편, 영어 수업에서는 책을 읽을 때 관점이 약간 달라진다. 역사 교과에서 미국의 시민운동과 관련한 자료를 접하면, 그 자료의 저자, 저자의 정치적 입장 등 자료의 신뢰성과 관련된 단서를 고려한다.

영문학을 읽을 때는 작가와 그 작가의 역사적 위상, 예를 들자면 어느 문예사조에 속해 있는지, 장르의 정통성을 따르는지 등을 고려할 것이다. 컴퓨터 과학 글을 읽을 때는 저자의 관점이나 역사적 의미를 파악하기보다는 글의 전개 방식과 논리성에 초점을 두고 읽는다. 특히 논리적인 설명과 기호로서의 언어에 집중하여 읽을 것이다.

제임스는 어릴 때 주로 이야기와 주제가 복잡하지 않은 글은 그럭저럭 잘 읽었을지 모르지만, 교과를 넘나드는 글 읽기에 필요한 다양한 읽기 방법을 탐색할 수 있는 읽기 전략은 배우지 못했을 것이다. 그는 집에서 위대한 소설을 읽을 수는 있겠지만, 여전히 학습 목적의 글을 읽을 때에 반드시 활용해야 하는 전문 어휘와 읽기 전략은 부족한 상태이다.

여기서 중요한 문제는 제인과 제임스가 책을 읽을 때 생각하고 행동하는 방식의 차이이다.

교사라면 누구든 제임스가 다음과 같은 기본적인 질문을 하며 글을 읽을 것이라고 예상할 것이다. 이 주제에 대해 내가 알고 있는 것은 무엇인가? 이 글은 어떤 장르인가? 이 구절에서 내가 알고 있는 단어는 무엇인가? 안타깝게도 제임스는 독자로서의 인식이 부족한 학생이다. 제임스와 같은 아이들은 어려운 학술 단어를 이해하려고 애쓰느라 다른 생각을 할 여유가 없기 때문에 자신이 읽은 내용을 이해하거나, 오독한 내용을 고칠 수 있는 정신적 에너지는 거의 없는 경우가 많다.

유능한 독자의 배경지식과 읽기 전략을 빠르게 축적할 수 있는 방도는 없다. 5만 단어의 어휘를 빠르게 축적할 수 있는 방도도 없다. 단순히 묵독에 더 많은 시간을 할당하는 방식만으로도 충분하지 않을 것이다.[19] 우리는 성공적인 읽기와 읽기 장벽에 대한 더 많은 지식을 바탕으로 교실에서 능숙하게 읽는 법을 지도하고 비계를 제공해야한다. 그래야만 우리는 제임스와 같은 학생들이 제인처럼 성공적으로 읽도록 도울 수 있으며, 나아가 학업 성취의 격차도 줄일 수 있다.

이 장을 읽는 모든 교사가 읽기에 대해 더욱 자세히 공부하기를 바란다. 이 간명한 요약은 사실상 시작점에 불과하다. 우리는 아이들이 읽기 위한 학습에서 학습을 위한 읽기로 어떻게 나아가는지를 확실하게 이해해야 한다.

## ⬤ 요약

- 우리는 모두 책을 읽을 때 '정신 모델'을 형성한다. 따라서 아이들은 이야기를 읽으면서 이야기 구조, 장르, 전형적인 어휘 선택에 대한 사전 지식을 바탕으로 등장인물과 상황 설정에 대한 심상을 형성한다. 우리가 더 많이 읽을수록 우리의 '정신 모델'이 향상되고, 글의 주제 또는 내용에 대해 더욱 깊이 이해할 수 있다.

- 영어는 글자 수보다 더 많은 소리를 가지고 있다. 따라서 스페인어나 핀란드어와 같은 표층 철자 체계인 언어보다 심층 철자 체계인 영어를 배우는 것이 더 어렵고 복잡하다. 영어 알파벳 코드에 대한 체계적인 학습은 성공적인 읽기의 첫 단추를 끼우는 중요한 단계이다.

- '읽기의 단순 관점'은 읽기 과정이 단어 해독에서 의미 이해로 그리 간단하게 이루어지는 과정이 아니라는 점을 보여준다. '읽기 로프'는 글을 잘 읽으려면 여러 가지 읽기 기능을 동시에 개발해야 함을 보여주는 유용한 모델이다. 읽기 로프에서 어휘 지식은 필수적인 가닥이다.

- '5대 요소'는 아이들이 어떻게 읽기를 배우는지, 우리가 어떻게 읽기를 가르쳐야 하는지를 이해하는 데 중요한 틀이다. 교사들이 읽기 유창성, 어휘력, 이해력과 같은 읽기의 요소가 어떻게 관련되고 상호 작용하는지를 더 잘 이해하도록 알려주는 시작점이다.

- 독해 부진아는 글을 읽을 때 우리가 기대하는 모습들을 보이지 않으므로 성공적인 읽기 전략에 대한 교사의 명시적인 시범이 필요하다.

# ⬤ 주석

1. Seidenberg, M. (2017). Language at the speed of sight: How we read, why so many can't and what can be done about it. New York, NY: Basic Books, p. 29.

2. McCutchen, D., Harry, D. R., Cox, S., Sidman, S. Covill, E. A., & Cunningham, A. E. (2002). 'Reading teachers' knowledge of children's literature and English phonology'. Annals of Dyslexia, 52 (1): 205-228.

3. Connor, C. M., Piasta, S. B., Fishman, B., Glasney, S., Schatschneider, C., Crowe, E., Underwood, P., & Morrison, F. J. (2009). 'Individualizing student instruction precisely: Effects of child x instruction interactions on first graders' literacy development'. Child Development Journal, 80 (1): 77-100. doi: 10.1111/j.1467-8624.2008.01247.x.

4. Podhajski, B., Mather, N., Nathan, J., & Sammons, J. (2009). 'Professional development in scientifically based reading instruction: Teacher knowledge and reading outcomes'. Journal of Learning Disabilities, 42 (5): 403-417. doi: 10.1177/0022219409338 737.

5. Joseph Rowntree Foundation. (2016). '5 million adults lack basic literacy and numeracy skills'. 2017년 12월 14일 온라인으로 접속: www.jrf.org.uk/press/5-million-adults-lack-basic-literacy-and-numeracy-skills.

6. Scarborough, H. S. (2001). 'Connecting early language and literacy to later reading (dis)abilities: Evidence, theory, and practice'. In S. Neuman & D. Dickinson (eds.), Handbook for research in early literacy (pp. 97-110). New York, NY: Guilford Press.

7. Education Endowment Foundation (2017). Improving literacy in key stage two: guidance report. London: Education Endowment Foundation. 2017년

12월 14일에 온라인으로 접속: http://bit.ly/2xKUKHf.

8. National Reading Panel (US) (2000). Report of the National Reading Panel: Teaching children to read: An evidence-based assessment of the scientific research literature on reading and its implications for reading instruction: Reports of the subgroups. Washington, DC: National Institute of Child Health and Human Development, National Institutes of Health.

9. 영어 사전의 크기에 대해서는 여러 이견과 논란이 있지만, 사전 자체는 어휘 학습의 유용한 이정표가 되어줄 것이다.

10. Moats, L. (1999). 'Reading is like rocket science: What expert teachers of reading should know and be able to do'. Washington, DC: The American Federation of Teachers. 2015년 12월 12일에 온라인으로 접속: www.ldaustralia.org/client/documents/Teaching%20Reading%20is%20 Rocket%20Science%20-%20Moats.pdf.

11. Ouellette, G. P. (2006). 'What's meaning got to do with it: The role of vocabulary in word reading and reading comprehension'. Journal of Educational Psychology, 98 (3): 554–566.

12. Seidenberg, M. (2017). Language at the speed of sight: How we read, why so many can't and what can be done about it. New York, NY: Basic Books, p. 61.

13. National Reading Panel (US) (2000): ibid.

14. Benjamin, A. (2017). Infusing vocabulary into the reading- writing workshop: A guide for teachers in Grades K–8. London: Rutledge.

15. Firth, J. R. (1957). Papers in linguistics. Oxford: Oxford University Press.

16. Nation, K. (2005). 'Children's reading comprehension difficulties'. In M. J.

Snowling and C. Hulme (eds.), The science of reading: A handbook (pp. 248–265). Oxford: Blackwell Publishing Ltd. doi: 10.1002/9780470757642. ch14.

17. 이 용어는 웨일스의 예술가인 아우구스투스 존(Augustus John)과 그웬 존(Gwen John)의 짤막한 비디오에서 가져온 것으로, BBC Bitesize 웹사이트가 촬영하였음. 2017년 7월 17일에 온라인으로 접속: www.bbc.co.uk/education/clips/z7 xkjxs.

18. Guthrie, J. T., Wigfield, A., & Klauda, S. L. (2012). 'Adolescents' engagement in academic literacy' (Report No. 7). 2017년 7월 15일에 온라인으로 접속: www.corilearning.com/research-publications.

19. Baker, L. (2002). 'Metacognition in comprehension instruction'. In C. C. Block & M. Pressley (eds.), Comprehension instruction: Research-based best practices (pp. 77–95). New York, NY: Guilford.

# III

# 단어란 과연 무엇인가?
# 당신의 뿌리를 아는 것이다

현명한 작가는 어원에 매료되어 있다.

－「서정시집(Lyrical ballads)」 서문 중에서,
윌리엄 워즈워스, 1815.


    단어에 대해 우리가 알고 있는 지식은 세상사 지식과 복잡하게 뒤얽혀 있다. 단어는 그 자체로 깊이와 역사, 일대기를 갖고 있으며, 인간의 사상과 역사를 다루는 고고학 못지않게 우리에게 많은 것을 알려준다. 하지만 학교에서는 어휘를 지나치게 얕은 수준으로 다룰 때가 많다. 영어사전을 펼쳐 보면서 단어를 사전적 정의로 설명하려고 하거나 단어에 대한 간단한 질문 한두 개를 던지는 방식으로 지도하는 경우가 있다. 그러다 보니 필수적인 배경지식과 이해의 문을 열어 주는 단어의 다채로운 의미와 단어 깊이를 파헤치는 데에 실패하고 만다.

    단어 5만 개 정도가 저당된 단어 저장고를 갖고 학교를 졸업하는 아이는 학교 밖 세상에서도 성공할 수 있는 도구를 쥐는 것이라는 가정

으로 이 책의 첫 장을 열었다. 영국 역사의 한 단면을 들어 비교해 보자. 고대 영어의 전체 어휘는 약 5만 단어라는 게 양호한 추산이다. 1,300년이 넘는 역사의 영향을 받는 영국 학생은 고대 음유 시인을 능가할 것이다. 쉴 새 없이 단어 압박을 받는 이 시대를 살아가는 청소년의 노고를 어느 정도 인정해 주어야 한다.

단어의 역사[**어원론(etymology)**은 단어의 역사, 기원, 통시적 변화를 연구하는 학문]는 우리 삶과 가까이 있으며 단순 골동품 이상의 가치를 지닌다. 일상에서 사용하는 영어 어휘의 약 60%가 라틴어와 그리스어의 조합에서 유래한 것으로 알려져 있으며,[1] 학교에서 다루는 전문 어휘는 일상 어휘보다 그 비중이 높은데 대략 90%에 달한다.[2] 아이들이 이야기와 단어의 깊은 의미를 배울 때 단어를 쉽게 이해하고 기억할 수 있다. 학술 어휘의 공통된 기원을 생각할 때 우리는 분명 어휘 지도 요령을 놓치고 있음이 틀림없다.

영어에는 라틴어에서 유래한 수많은 단어들이 흔히 사용되고 있다. 라틴어에서 유래한 것이 분명한 단어의 예로 'bona fide(진짜의)', 'circa(대략)', 'vice versa(그 반대도 마찬가지이다)'라는 단어가 있다. 라틴어에서 차용한 것인지 불분명한 단어의 예로 'agenda(의제)', 'futile(헛된)'이 있으며, 역설적이게도 'obvious(분명한)'도 여기에 포함되어 있다(부록 1: 라틴어 차용어 또는 라틴어 공통 어근이 있는 영어 단어 목록). 우리가 영어의 어근을 부각하여 지도하면 단어를 제대로 배울 순간을 아이들에게 만들어줄 수 있다.

우리는 여러 교과목에서 구식 단어를 읽어야 하는 도전을 마주하게 된다. 과학 교과 언어는 '난공불락의 성'으로 묘사되어 왔다.[3] 과학 교과의 복잡한 학술 언어는 범교과 읽기에서 쉽게 접하지 못하지만, 기본적인 어원을 알고 있다면 과학 교과 언어를 해독하는 데 유용하다. 'science(과학)'이라는 단어를 예로 들어보자. 이 단어는 '잘라내다'라는 뜻의 인도유럽어 'skein'에서 유래했다. 'scythe(큰 낫으로 베다)'나 'scissors(가위)'와 같은 단어도 이 어원을 갖고 있지만, '분리하다(separating out)' 단어에서처럼 'science'라는 단어에도 동일한 어원을 포함되어 있다.[4] 다행히도 우리 몸에서 배설물이 나온다는 의미를 지닌 'shit(배설물)'라는 단어는 어근 'skei(쪼개진 나무)'에서 유래한 것으로 'science'와 어원이 같다.

과학 수업에서 어원 정보를 활용하라!

일상적인 단어에 담겨 있는 이야기(일부는 모호하지만, 대부분은 보편적인 이야기)로 추상적이고 복잡한 학술적 개념을 아이들에게 더 구체적이고 명확하게 전달할 수 있다. 과학 교과에서 자주 등장하는 단어인 'dehydrogenate(탈수소)'를 예로 들어보자. 이 단어를 분석하면 'hydrogen(수소)'라는 어근이 나오는데, 이 어근은 '물'을 의미하는 'hydro'와 '생성하다'를 의미하는 'gen'에서 유래한다. 흔히 볼 수 있는 접두사 'de'는 '제거하다', '강도를 줄이다, 하강하다'를, 접미사 'ate'는 '행동하다'를 의미한다. 복합어처럼 어렵고 복잡한 단어는 그 단어가 어떻게 형성되었는지 역사를 들려주는 방법이 있다[**형태론(morphology)**은 단어의 요소인 어근, 접두사, 접미사 등을 연구하는 학문임]. 여기서 수소는 화합물에서 제거된 물질을 의미한다.

학교에서 다루는 과학 어휘는 어원이 확실하고, 어근과 단어 요소를 분석하는 것이 어렵지 않다. 그렇기 때문에 과학 어휘를 명확하게 이해하면 과학 지식과 읽기 방법을 동시에 효과적으로 가르칠 수 있다. 이와 같은 접근은 과학 교실에서 배경지식, 학습 동기, 호기심을 심어줄 수 있다.

학교에서 사용하는 모든 단어는 나름의 이야기와 역사가 있다. 수많은 학술적 단어에는 철자에 그 의미가 부호화되어 있으며, 이들 중에는 변형어와 문법적 이형태가 나타나기도 한다. 영어에서 'gooses'라는 단어는 없고 'geese[goose(거위)의 복수형]'라는 단어가 있지만, 만약 미국을 여행한다면 실제로 'meese'라는 단어는 보지 못한다. 하지만 'mooses[moose(말코손바닥사슴)의 복수형]'이라는 단어는 볼 수 있지 않은가? 단어 'mooses'는 비교적 신조어이지만, 반대로 'geese(거위)'는 고대 게르만어에서 유래한 단어이다['tooth(치아)'와 'teeth(tooth의 복수형)'는 복수형을 공유한다]. 이처럼 단어의 어원은 단어의 의미와 철자를 설명해 준다.

대다수 교사가 단어의 사전적 정의를 설명하고 문맥을 바탕으로 지도하는 것 그 이상의 어휘 지도는 불편하고 낯설게 느끼는 게 엄연한 현실이다.[5, 6] 역사, 시민권, 정치라는 주제를 가르칠 때 '민주주의(democracy)', '금권정치(plutocracy)', '과두정치(oligarchy)', '군주제(monarchy)'와 같은 단어에 대한 의미를 교사가 설명하는 것 이상으로 단어 간의 의미 있는 연결 고리를 파악하도록 돕고 있는가? 예를 들면 다음과 같다. 접미사 'cracy'는 '권력'을 의미하며 'archy'

는 '통치권'을 의미한다. 'demo'는 '사람들'을 의미하며 'pluto'는 '부'를 의미한다. 'oligo'는 '소수'를 의미하고 'mono'는 '하나/단일의'를 의미한다. 이처럼 우리는 단어를 이루는 구성 요소들과 이를 뒷받침하는 이야기들을 전경화하여 단어의 의미를 풀어내어 지도해야 한다.

저명한 심리학자 댄 윌링햄(Dan Willingham)은 "이야기는 인간의 마음속에서 심리적 특권을 누린다."고 말했다. 난해한 학술적 개념과 아이디어에 대한 설명에 언어 역사의 풍성한 이야기를 입힐 때 학생들은 복잡한 학술 언어를 더 깊이 있게 이해할 수 있다. 또한 의식적 또는 무의식적으로 단어 사이를 연결하고, 단어를 듣거나 읽을 때 어근과 단어 요소들을 인식하기 시작하면, 독립적 읽기라는 강력한 도구를 갖게 된다. 이러한 도구로 무장한 아이들은 '단어 탐정'이 되어 언어에 드러난 단어 의미 층위를 발견하고, 단어에 흥미를 갖게 되면서 단어로부터 자유를 얻게 된다.

나는 교사로 일하면서 아이들이 단어 속 세상을 탐구하는 것을 좋아한다는 사실을 알게 되었다. 우리는 아이들에게 단어 학습에 대한 애정과 설레는 도전 의식을 심어줄 수 있다.

## ◑ 5만 개의 단어, 그 이상의 가치: '단어 깊이'의 중요성

단어의 양은 중요하다. 대략 5만에서 6만 개의 단어가 저장된 단어 저장고는 학문적으로 그리고 그 밖의 분야에서 성공하기 위해 필요한 단어의 양을 잘 보여주는 수치이다. 물론 단어의 양만 중요하지는 않다. '단어 깊이'는 우리가 읽은 내용을 이해하고 학업 등의 상황에서 성공적으로 의사소통하는 데에 필수적이다. 단어를 얼마나 잘 아느냐가 얼마나 많이 아느냐보다 더 중요할 것이다. 하지만 예상대로 어휘의 양과 단어 이해의 깊이는 호혜적인 관계이다.

글에서 만약 'root'라는 단어가 등장하면 독자는 먼저 '뿌리'라는 뜻이 문장, 문맥, 글의 의미에 잘 들어맞는지 연결해보고 해당 의미를 채택할지 여부를 재빨리 결정한다. 이 책에서는 어근과 관련 있는 명사로 쓰이지만 보통의 경우에는 주로 식물의 뿌리라는 의미로 쓰인다. 이 'root'라는 단어와 배경지식 및 익숙한 단어를 연결하는 직관적인 의미 탐색은 무의식적인 과정으로 주로 교실 안팎에서 대화하거나 글을 읽는 동안에 끊임없이 일어난다. 하지만 이러한 과정은 말하거나 읽을 때 상당히 잠재적으로 일어나기 때문에 교사가 아이들의 단어 지식에 대한 오해와 공백을 알아채지 못할 때가 많다.

언어학 연구에서 잘 확립되어 있는 개념으로 **'어휘 품질 가설(lexical quality hypothesis)'**[7]이 있다('어휘론'은 어휘에 대한 복잡한 언어적 특성을 연구하는 분야임). 이 가설은 아이들이 단어를 얼마나 잘 알고 있는지, 즉 단어 지식의 '품질'을 설명한다. 아이들이 단어의 발음, 철자법, 여러 가지 의미, 공통 범주, 단어 집합 등과 같이 단어에 대한 다각적인 지식을 가지고 있다면, 더 높은 '품질'의 단어를 갖고 있다고 본다.

어휘 품질 가설에 따르면, 지리학에서 '지질구조론(tectonic)'과 같은 단어에 더 많이 노출될수록 그 단어를 깊이 이해할 수 있게 된다. 이 단어의 어원은 '건물과 관련된'이라는 의미를 지닌 그리스어 'tectonicus'에서 유래한 것으로, 지각 구조와 같은 지질학적 의미와는 다소 차이가 있다. 이 단어를 깊이 이해하려면 어원 이상의 지식이나 단어의 정확한 용법 이상의 지식이 필요하다. 그 지식에는 아이들이 꼭 알아야 하는 '지질 구조판(tectonic plates)', '지질 구조상의 위험 요소(tectonic hazards)' 등 지질학 관련 단어와 개념을 담고 있다. 단어 지식은 아이디어와 개념을 연결하는 데에 도움이 된다. 이 정도 수준의 '단어 깊이'가 없다면, '대륙 이동(continental drift)'과 같은 중요한 지리적 현상을 이해하기 어렵다.

영어 교사로서 나는 늘 '은유'의 의미(그리고 종종 철자에 대하여)를 반복해서 가르친다. 학생들이 문학 용어의 의미와 철자의 중요성을 잊을 때가 종종 있다. 이러한 접근은 학생들에게 '단어 깊이'를 아는 것이 얼마나 중요한가를 정기적으로 일깨워주는 방법이기도 하다.

우리는 잠시 자문해야 한다. 우리가 지도하고 사용하는 어휘의 '단어 깊이'에 대해 얼마나 자주 주의를 기울이는가?

새로운 단어가 우리가 가진 단어 저장고에 재빨리 동화되는 것은 단 한 번만의 노출로도 가능하다. 음악에서 '음량, 즉 노래 한 소절의 소리가 크거나 부드럽다'는 뜻의 '셈여림(dynamics)'이라는 단어는 젊은 음악가의 보편적인 지식에 잘 동화될 수 있다는 단일한 의미를 지닌다. 그러나 대체로 학술 용어의 학습은 느리게 이루어지며 누적적인 학습이 더 필요한 과정이다. 꽤 복잡한 학술 용어의 경우 '단어 깊이'를 얻으려면 여러 번의 노출이 필요하다. 한 연구에 따르면 새로운 단어를 4번에서 10번 정도 노출해야만 단어의 장기기억이 잘 만들어져 단어를 깊이 있게 이해하고 사용할 수 있다고 한다.[8] 한 단어를 4번 이상 노출하는 일은 교육과정 교육에 지대한 영향을 미친다.

교사들이 종종 시간에 쫓길 정도로 바쁘다는 현실을 감안할 때, 명시적이고 반복적인 어휘 지도에 많은 시간을 할애하는 방식을 제안하기란 현실적으로 어려울 듯하다. 그럼에도 불구하고 우리가 교실 속 대화에서 단어에 대해 간결하고 정확하게 설명하고 어원론 및 형태론을 적절히 가르칠 수 있다면 아이들의 학습에 중요한 단어를 깊이 있게 이해하는 시간적 여유를 확보할 수 있다. 즉, 어휘를 가르치는 데 시간을 할애해야만 한다.

교과 특수 단어들을 교과서에 넣는 것만으로는 어휘 지도에 충분하지 않다. 단어에 대한 유의미한 반복 노출을 포함하여 단어를 설명하는 체계적인 지도는 아이들이 자신감 있게 '단어 깊이'를 개발하는 데 도움이 될 것이다. 그렇기에 교사로서 교실 대화에서 사용하는 일상 언어를 더욱 의식해야 한다. 우리는 수업에서 'she was on a real high(그녀는 좋은 점수를 받았다).' 또는 'he was green with envy (그는 질투심으로 가득했다).'라는 표현처럼 은유적 표현과 관용구를 너무 쉽게 사용할 때가 있다. 이런 표현은 일상 대화에서 너무나 자연스러운 부분이지만 실제로 아이들은 의미가 모호하다고 느낄 수 있다 (특히 이 지점에서 제2언어 학습자가 느끼는 장벽을 기억하라).

아이들과 마찬가지로 교사도 자신의 언어에 주의를 기울이고 **'단어**

**의식(word consciousness)'**을 가질 때 성장할 수 있다. 교사가 '단어 깊이'의 중요성을 이해하게 되면 단어에 대한 사고방식과 교수법을 근본적으로 바꾸게 되고 이것이 곧 '단어 의식'이 된다. 아이들이 '단어 의식'을 형성하면 그동안 당연시했던 언어에 대한 호기심과 언어의 무한한 가치를 탐구하고자 하는 사고방식을 갖게 된다.

교사가 모든 단어의 방대한 어원적 전기를 상세하게 설명할 수 없으므로(그들이 이전에 라틴어나 그리스어를 배우지 않았다면) 학생들이 쉽게 이해할 수 있는 단어를 더욱 잘 선택해야 한다. 교사가 지도할 단어들을 선정함으로써 학생 스스로 '단어 의식'을 개발하도록 도울 수 있다. 어원론이나 형태론을 더욱 신중히 지도한다는 단순한 개념은 단지 중요한 교과 특수 단어 몇 개를 가르치는 것이 아니라 학생들에게 색다른 읽기 방식을 보여주는 것이며, 사고방식을 열어주는 것이다.

우리는 수업할 때 이중 언어를 사용하는 학생이 **동족어(cognates,** 언어는 달라도 공통 어원을 가진 단어들)를 연결할 수 있다는 강점을 활용한다. 예를 들어, 'friend(친구)'는 독일어 'freund'와 동족어 관계에 있다. 사실, 고대 언어뿐만 아니라 현대 외국어를 가르칠 때도 어원론 및 형태론의 지식을 활용해 가르치는 것은 필수적이다. 이러한 방식이 모든 교실에서 보편적인 지도 방식이 될 때 아이들은 학교의 학술적 언어를 더 잘 사용하고 이해할 수 있는 도구를 갖게 된다.

이 이론을 시험해 보자.

'nom'은 라틴어로 '이름 또는 이름과 관련된 것'이라는 뜻의 접두사로 '이름'을 뜻하는 'nomen'에서 유래한 것이다. 'nominate(지명하다)', 'nominee(지명된 사람)', 'nomenclature(명명법)', 'ignominy(불명예)', 'binomial(두 개의 이름)'과 같은 단어들은 모두 이름을 지정한다는 뜻의 어원을 지닌 단어로 이해할 수 있다. 아이들은 '명사(nominal)'라는 단어를 보면 배경지식과 형태론적 지식과 이해를 도출할 수 있다. 이러한 지식들은 기억을 돕는 갈고리를 갖고 있다. 프랑스어를 공부하고 있다면, 'nom'이 '이름'을 의미함을 알아차릴 수 있다.

자, 여러분이 흔히 가르치는 중요한 단어를 생각해 보라. 단어 집합은 무엇인가? 단어 의미를 알아차릴 수 있는 단어 요소가 있는가? 단어의 역사가 두드러지게 드러나는가? 우리가 가르치는 중요한 단어의 집합에 이 질문을 적용한다면 단어 설명에 필요한 새롭고 유용한 지식 층위를 밝힐 수 있으며 아이디어와 개념에 대한 기억을 돕는 갈고리를 만들 수 있다.

수학에서 방정식의 연습은 언어를 깊이 학습하지 않아도 수행할 수 있지만, 교사가 수학 어휘를 구성하는 라틴어와 그리스어 형태소를 신속하게 명시적으로 설명해 주면 아이들은 한층 더 잘 이해할 수 있다. '셋(3)'을 의미하는 'tri'와 '많다'를 의미하는 'poly'를 예로 들어 보자. 학생들이 'poly'를 어근으로 하는 단어가 많다는 것을 인식하면 'polygon(다각형)', 'polynomial(다항식의)', 'polymath(박식한 사람)', 'polymer(고분자)' 등과 같은 많은 단어를 해독하기가 쉬워진다. 아이들이 학교에서 이러한 단어들을 자주 접하게 되므로 접두사에 대한 명시적 지도법은 반드시 필요하다.

교실에서 매일 이러한 형태로 '단어 의식' 교육을 하지만, 대부분 우연하게 또는 계획되지 않은 방식으로 이루어진다. 아이들은 학술 어휘에서 나타나는 일관된 단어 패턴과 단어에 공통으로 들어가 있는 의미를 알아채지 못한다. 대부분의 학술 언어가 명시적으로 설명되지 않은 채 남겨진다. 단어를 많이 아는 아이들은 무리 없이 어휘력을 빠르게 키우지만 그렇지 않은 아이들은 적절한 교육 기회를 놓쳐 불이익을 받는다.

## ◖ 모든 교사에게 필요한 어원 지식

**어원론(etymology)**은 단어의 기원과 그 의미가 통시적으로 어떻게 변화되었는지에 대해 연구하는 학문이다.

영어의 매혹적인 기원은 우리 주변 곳곳에 있으며 우리 삶에 복잡하게 얽혀 있고 일상 대화에서 지워지지 않는 채로 각인되어 있다.

영어에서 라틴어 구문은 일상에서 널리 퍼져있지만, 아무리 교육을 많이 받은 사람이라도 잘 모르는 경우가 많다. 'AM(오전)'과 'PM(오후)'을 예로 들어보자. 얼마나 많은 사람이 실제로 이 약어를 라틴어 이름으로 정확히 댈 수 있는가? 답은 정오 이전을 의미하는 'ante meridiem'과 정오 이후를 의미하는 'post meridiem'이다. 어쩌면 우리는 'RIP'을 '삼가 고인의 명복을 빕니다(requiescat in pace)'가 아닌 '편하게 쉬다(rest in peace)'로 착각하는 일반적인 실수를 저지르고 있는지도 모른다. 누군가는 이러한 지식의 대부분은 불필요하다고 주장할 수도 있다. 하지만 이런 주장은 아이들이 어휘의 폭을 넓힐 풍부한 기회를 차단하고 학술적 소통의 중요한 뿌리를 숨기는 방식을 선택한 것이나 다름없다.

영어에서 자주 사용되는 단어인 'and(그리고), but(그러나), by(~에 의해), have(~을 가지고 있다), ~with(~와 함께)' 등은 앵글로색슨족이 가져온 단어이다. 1066년의 노르만 침략 전쟁이 우리에게 튼튼한 성과 봉건 제도를 가져다준 것만은 아니다. 노르만족은 영어에 획기적인 변화를 가져왔다. 영국에 정착한 프랑스인은 먼저 법 용어와 직업 용어를 바꾸었다. 지금 우리가 사용하는 현대의 학술 언어는 훗날 라틴어와 그리스어 그리고 '로망스어로 알려진' 후기 프랑스어의 영향을 받았다.

오랫동안 라틴어 학습은 '교육 받다'라는 말과 동의어로 여겨져 왔다. 그럼에도 불구하고, 라틴어 단어를 '잉크병 단어(ink horn words, 잉크가 들어 있는 작은 병에 빗댄 표현으로, 긴 단어로 말하면 잉크가 낭비된다는 의미)라는 말로 비하하는 일부 비평가들이 있었다. 이처럼 지나치게 정교한 언어의 사용은 그 이후로 줄곧 비판받아 왔다. 조지 오웰(George Orwell)은 '정치와 언어(Politics and the English language)'에서 "부드러운 눈처럼 사실을 덮어 윤곽을 흐리게 해 자세한 사항을 모두 은폐한다."라고 말하면서 라틴어 단어를 조롱한 유명한 일화가 있다. 물론 그가 이처럼 '겉만 번지르르한 어법'이라는 표현을 사용했을 때, '겉만 번지르르한'과 '어법'이라는 말이 모두 프랑스어와 라틴어에서 유래하지 않았다면 더 나은 표현이었을 텐

데 하는 아쉬움이 있다.

다음 표에서 일상 단어가 길이가 짧은 앵글로색슨어에서 긴 라틴어 어휘로의 변화를 확인할 수 있다.[9]

| | 앵글로색슨어에서 유래한 단어 | 라틴어와 그리스어에서 유래한 단어 |
|---|---|---|
| 질문하다 | Ask | Interrogate |
| 시작하다 | Begin | Commence |
| 배 | Belly | Abdomen |
| 사슴 | Deer | Venison |
| 화재 | Fire | Conflagration |
| 승마 | Horse | Equestrian |
| 사랑하고 있는 | Loving | Amorous |
| 밤에 일어나는 | Nightly | Nocturnal |

여기서 반복되는 패턴을 볼 수 있다. 라틴어와 그리스어에서 유래한 단어들은 단순히 길다는 것 말고도 접두사와 접미사를 통해 의미를 정밀하게 드러낸다는 특징이 있다. 학문 용어에서는 그러한 정밀도가 중요하다.

오웰의 주장도 일리가 있다. 가게에서 우유를 주문할 때 정교한 라틴어 어법으로 말하는 사람은 없지만 학교에서 사용하는 정교한 언어가 영어의 라틴어와 그리스어 어원과 밀접한 관련이 있다는 사실은 분명하다. 따라서 어원 지도는 영어 교사뿐만 아니라 모든 교실 속 교사에게 유용하고 믿을 만한 학습 도구이다. 수학, 과학, 지리 교과의 경우 교과에서 사용하는 단어의 어원이 제한적이므로 어원을 고려한 지도 방식이 더 유용할 수 있다.

당연히 이런 질문이 나올 수 있다. 왜 라틴어 같은 고대 언어는 학교 교육과정에 포함되지 않는가? 왜 아직도 우리 언어의 강력한 뿌리를 소수의 전유물로 여기는가? 여기서 우리는 영어 교사가 전문성 개발을 위한 한 방법으로 고대 언어를 배우는 게 얼마나 유익한지 짐작할 수 있다.

아이들은 호기심을 가지고 단어 패턴을 찾고 만드는 사람이다. 그들이 단어 목록에 있는 제한적인 언어의 복잡성만 배운다면 다양하고 흥미로운 지식을 놓칠 수 있다. 여기서 문제는 단어와 문법 공부가 대체로 매력적이지 않다는 점이다. 그런데 댄 윌링햄이 "이야기는 인간의 마음속에서 심리적 특권을 누린다."라고 했던 말을 기억하는가? 단어 목록 암기와 문법 훈련과 같은 무미건조하고 생기 없는 단어 학습은 단어의 이야기가 지닌 위력을 놓치고 있는 것이다.

예를 들어 실제로 'grammar(문법)'과 'glamour(매력)'가 계통적으로 하나에 속하는 어족이라는 사실을 알고 있는가? 14세기에 'Grammar'이라는 단어는 '학습과 학식'을 뜻하며, '마법과 매혹'을 뜻하는 'gramary'의 변형어이기도하다. 'Glamour'이라는 단어는 스코틀랜드어 'grammar'의 변형어이다. 나중에 '마법 같은 아름다움과 매력'의 의미가 덧붙여져서 마녀가 환영을 일으키거나 주문을 거는 상태를 'cast a glamour(마법을 걸다)'라고 표현하게 되었다.

언젠가 아이가 문법 공부를 불평한다면 당신은 매력적인 스코틀랜드 영어와 같은 불가사의한 흥미로운 이야기로 그들을 즐겁게 해줄 수 있다!

생물학에서 'symbiosis(공생)'이라는 단어는 '상호 이익에 기반 한 서로 다른 두 유기체의 생존을 위한 결합'이라는 뜻을 지닌다. 이 단어는 그리스어에서 파생된 단어로, '함께 살다'라는 단순한 의미가 있는데, 이 단어를 더 작은 단위로 쪼갤 수 있다. 누구나 익히 알고 있듯 'bio'는 '생명(life)'을 의미하며, 여기서 'biology(생물학)'라는 단어가 만들어졌다. 여기에 '~와 함께, ~을 포함하여, ~에 덧붙여, ~와 더불어'라는 뜻의 그리스어 'syn'의 변칙형인 접두사 'sym'이 결합된 것이다. 일이 적절하게 분담되어 진행될 때 'symmetry(균형)'이라는 단어를, 당신의 감정이 다른 감정과 얽히게 될 때 'sympathy(공감)'이라는 단어를 생각해보자. 'symbiosis'라는 단어는 'sympathy'라는 단어와 연결되면서 확실히 기억에 남을 수 있다. 이처럼 단어의 이야기, 연결 고리, 패턴은 영어 곳곳에 존재한다.

아이가 배운 'symbiosis'에 대한 깊은 어원적 지식의 가치는 빠르게 배가된다. 영문학 소설의 등장인물 분석부터 지리적 환경을 묘사하는 데에 이르기까지 다양한 학술적 맥락에서 사용되기 때문이다. 어원의 유래에 대한 논쟁이 무의미한 단어들도 있지만, 이를 주제로 토론하는 것 자체만으로도 언어와 세계에 대한 의미 있는 지식을 만들어낼 수 있다.

물론 단어 지식은 더 많은 단어 지식을 낳는다. 아이가 수학에서

'subtraction(뺄셈)'의 어근 'tract'를 알고 있을 때, 'detract(떨어지다)', 'intractable(말을 듣지 않는)', 'extract(뽑아내다)', 'distract(산만하게 하다)', 'attraction(매력)'이라는 말뿐 아니라 심지어 'tractor(견인차)'와 같은 단어의 공통 어근까지 인식할 수 있다. 이처럼 의미 있는 패턴이 많다. 우리는 이러한 암묵적인 언어 패턴을 명시적으로 만들기만 하면 된다. 어근 'tract'는 '끌거나 당기는 것'을 의미하므로 나중에 누군가가 'on the pull(~로 끌어당기다)'이라는 표현을 듣는다면 'attraction'과 'tractor' 사이의 어원적 관계를 주제로 토론할 수 있다.

그렇다면 우리는 각기 다른 수준의 단어 지식을 가진 여러 선생님을 위해 어원적 지식을 어떻게 동원할 수 있을까?

인터넷에서 빠르게 검색하는 유용한 방법이 있다. 특히 아래의 웹 사이트에서 '어원론', '어휘론' 및 관련 검색어에 대한 주요 용어를 검색하면 필요한 자료를 신속하게 찾을 수 있다.

- 단어 검색을 할 수 있는 **어원 찾기**용 웹 사이트는 다음과 같다.
  : www.etymonline.com
- **라틴어 및 그리스어 어근 목록**을 제공하는 웹 사이트는 다음과 같다.
  : http://bit.ly/1LkliAU.
- 훌륭한 **라틴어 사전**은 다음과 같다.
  : www.perseus.tufts.edu/hopper/
  http://latindictionary.wikidot.com/start.

- 'Membean'에서는 수업에서 유용하게 활용할 수 있는 어근 나무 다이어그램을 제공한다.
  : http://membean.com/wordroots.
- 'Vocabulary.com'에서는 예시, 정의, 수업 활동이 포함하여 풍부한 어근 및 접두사 목록을 제공한다.
  : www.vocabulary.com/lists/morphology-and-roots/

이처럼 검색하기는 빠르고 쉬운 방법이다. 우리가 단일 차시의 수업이나 장기적인 교육과정을 설계하는 데에 있어 중요 단어를 선정할 때 이러한 교육용 자원들을 사용하여 수업을 보완할 수 있다. 여기서 중요한 것은 학교 내에서 전체적으로 계획을 함께 세워야 하며 명시적으로 가르칠 단어들을 선정하고 체계적인 지도를 위해 학생들과 공유할 필수 어원 지식을 결정해야 한다는 점이다. 이러한 작업은 여러 사람의 손길이 모여야 한다.

2013년에 시작된 '지역사회 고전(Classics in Communities)'과 100개 이상의 학교와 함께 고전 학습을 촉진하는 국가 자선단체인 '모두를 위한 고전'(www.classicsforall.org.uk)은 영어 단어의 어원 지식을 방대하게 제공하고 있다는 점에서 교사들에게 매력적인 교육용 자료이다.

옥스포드 대학의 알렌 홈즈-헨더슨(Arlene Holmes-Henderson) 박사는 고전 연구에 대한 인식을 바꾸기 위해 노력 중이다.

오랜 시간 동안 라틴어는 '영재' 프로그램의 참여 대상인 '영재 아동'의 학습 전유물로 여겨져 왔다. 영재 아동은 배경 지식 많고 읽기 성취도가 높으므로 라틴어 학습이 영재 아동의 문해력에 미치는 영향이 미미한 것으로 나타났다. 이에 반해 낮은 문해력 수준의 아동에게는 라틴어 학습의 교육적 효과가 높다.

- 알렌 홈스-헨더슨(Arlene Holmes-Henderson)
박사와의 대담, 2017년 4월 10일

학교 교육과정이 학술 어휘가 부족한 아이보다 단어를 풍부하게 습득한 아동에게 적합하다는 식의 만연하고 고질적인 오해가 어휘 격차를 고착시키는 역할을 한다. 홈스-헨더슨은 모든 아동이 그리스어와 라틴어와 같은 고전 언어를 경험하는 가치를 두고 "단어의 의미를 더 깊이 이해할 수 있는 중요한 이점이 있다."라고 말하며 둘 사이의 연관성을 밝혔다. 전문가의 지원이나 고전을 학습한 경험이 있다면 분명 도움이 되겠지만, 교실에서 전문적으로 어휘를 가르치기 위한 목적으로 고전을 따로 공부할 필요는 없다.[10]

어휘 학습을 할 때에는 수동적으로 라틴어와 그리스어 목록을 가지기보다는 자신만의 '**어근 나무(root word trees)**' 또는 학습 이력을 만드는 것이 좋다. 토론, 연구, 과제 등은 모두 어휘 학습에 영향을 줄 수 있다. 이와 같은 학습법은 각 과목에서 역사적으로 공통적인 뿌리를 지닌 독특한 단어가 있음을 알게 할 뿐만 아니라 개인적 일상 언어와 학교에서 사용하는 학술적 언어 사이의 단어 간극을 좁히는 데 도움이 된다. 희곡, 과학, 정치, 수학, 지리와 같은 교과목은 그리스로부터 유래하였다. 따라서 우리가 아이들에게 언어의 역사를 밝혀주면 그들은 자연스럽게 언어에 대한 호기심을 가지고 복잡다단한 지식의 세상을 열 수 있을 것이다.

## ◖ 형태론의 힘

형태론(Morphology)은 언어학에서 단어 구성 요소, 예를 들어 어근, 접두사 및 접미사를 연구하는 학문이다.

우리가 'work(작업)'나 'employ(고용하다)'와 같은 간단한 일상 어휘를 들여다보면 단어가 길어지고 형태가 달라지며 의미가 더 정교하고 적확해지는 유연성이 있음을 깨닫게 된다. 단어 앞에 **접두사(prefixes)**가 붙고 단어 끝에 **접미사(suffixes)**가 붙으면 'work'는 're-work-ing(재작업하다)'라는 단어가 될 수 있고 'employ(고용)'는 'un-employ-able(고용할 수 없는) 또는 un-employ-ment(실업)'라는 단어가 될 수도 있다. 이러한 형태론 기초 지식을 통해 초등학교 저학년 때부터 아이들의 어휘력은 빠르게 신장할 수 있다. 아이들이 단어 집합, 접두사 및 접미사에 대한 지식처럼 개별 단어에 대한 지식을 개발할수록 아이들의 어휘력이 기하급수적으로 증가한다.

'fit(몸이 건강한)'에서 'unfit(건강하지 못한)'이라는 단어가 만들어지듯, 단어에 익숙한 접두사가 붙어서 의미를 바꾸는 방법이 있는가 하면, 접미사에 의한 **굴절(inflection**, 명사, 형용사, 동사에 어떤 철자 또는 철자들이 추가되는 형태)에 의해 단어가 형성되기도 한다. 예를 들면, 'happy(행복한)'에서 'happier(더 행복한)'라는 단어가, 'trip(여행)'에서 'trips(여행들)'이라는 단어가 형성되었다. 이러한 단어 형성은 아동의 어휘 확장에 지대한 영향을 준다.

굴절어의 예는 얼마든지 있다. 'bound'라는 단어를 보기로 하자. 이 단어는 **다어어(polysemous)**, 즉 여러 가지 의미를 지닌 단어이다. 다의어는 대체로 한정된 어휘를 가진 아동일수록 어려워한다고 한다. 'Bound'는 '껑충껑충 뛰다', '목적지로 향하다', '밧줄로 묶여 있다' 등의 여러 의미를 지닌다. 굴절어의 예로는 abound(풍부하다), bounds(한계), unbound(속박이 풀린), bounding(결합), rebound(다시 튀어나오다), boundary(경계)가 있다. **합성어(compound words,** 두 개 이상의 단어가 결합하여 한 단어가 된 것)는 spellbound(넋을 잃은), duty-bound(~할 의무가 있는), desk-bound(앉아서 일하는) 등의 단어가 있다. 자, 이러한 단어들 중 일부의 경우는 의미가 완전히 달라지기 때문에 아이들이 어렵게 느낄 수 있지만, 그 대신에 한 단어를 배우면 단어 집합을 알게 해준다는 이점이 있다.

아이들은 본능적으로 익숙한 발음을 인식하면서 단어를 들을 수 있다(2장의 음소 인식을 기억하는가?). 굴절 여부를 파악하고, 새로운 단어를 친숙한 단어에 연결하고, 단어 집합을 암묵적으로 인식할 수 있다. 그러므로 단어와 단어 집합의 지식과 이해를 키워가면서 적절하게 통합하여 지도할 수 있다. 수많은 연구물에서는 단어의 형태소 분석을 가르치면, 아이들이 새로운 단어의 의미를 배우는 데 도움이 된다는 점을 입증했다.[11,12,13] 간단히 말해 아이들에게 단어가 어떤 연관성으로 묶였는지, 어떤 소리와 비슷하게 들리는지 묻는 등 우리의 어휘 지도 관습을 약간 보완하면 심도 깊은 대화의 장을 열 수 있다.

예를 들어 내가 영어 교과에서 친숙한 단어인 '공부'라는 의미의 'ology(학문)'(물론 학교 시간표의 여러 교과목에서 친숙한 단어)라는 단어를 본다면, '단어'라는 의미를 지닌 어근 'log(그리스어 'logos'에서 유래함)'를 재빨리 인식할 수 있을 것이다. 만약 영어에서 다음과 같은 어근이 포함된 단어의 예시들, 예를 들면 'dialogue(대화)', 'monologue(독백)', 'monologue(머리말)', 'epilogue(맺음말)', 'chronological(연대기)', 'eulogy(찬사)', 'neologism(신조어)', 'analogous(유사한)', 'anthology(명시 선집)', 'syllogism(삼단 논법)'이라는 단어들을 제공하면 단어 간의 풍성한 연결이 가능해진다. 아이들은 꾸준한 연습을 통해 **단어 탐정(word detectives)**이 되어 단어 속 패턴을 찾고, 연결고리를 만들고, 의미를 발견할 수 있다.

특히 수학, 과학 등과 같은 교과목의 학술 언어의 경우 대부분 라틴어와 그리스어에서 유래하므로 공통의 단어 요소를 식별하는 데 상당한 시간이 걸릴 수 있다. 그 중에서도 과학 교과의 학술 언어에는 단어의 특정 의미를 일관되게 나타내는 형태소가 포함된 경우가 많다. 예를 들어, 흔하게 사용되는 접두사 'ex-' 또는 'exo(라틴어에서 유래)'는 과학 교과에서 '밖으로, ~에서 떨어져, 외부의, 바깥쪽'을 의미한다. 이 접두사는 'external(외부의)'라는 단어에서 확인할 수 있다. 다음 쪽의 표는 해당 접두사가 들어 있는 과학 용어의 예시이다.

| 과학 용어 | 정의 |
|---|---|
| 박리(Exfoliation) | 외부 조직 표면에서 세포 또는 파편을 제거하거나 떼어내는 것 |
| 외과피(Exocarp) | 식물 용어로, 익은 과일의 가장 겉쪽에 있는 껍질 |
| 외인성(Exogenous) | 생물의 체외에서 발생하거나 발달한 것 |
| 안구돌출(Exophthalmos) | 안구가 비정상적으로 바깥쪽 튀어나온 상태 |
| 외골격(Exoskeleton) | 유기체의 몸을 지지하거나 보호해주는 외부의 견고한 구조 |
| 발열(Exothermic) | 화학반응에 따라 열이 방출되는 것 |

단어 형태 분석은 화학 교사가 'exothermic(발열, 에너지를 밖으로 방출)'과 'endothermic(흡열, 에너지를 안으로 흡수)' 반응의 차이를 설명할 때 유용하게 활용할 수 있는 교육용 보조 수단이 된다. 우리가 가르치는 모든 단어의 형태를 분석하는 지도법이 물론 실용적이거나 효율적이지 않을 수 있다. 하지만, 단어 형태 분석은 교사와 학생 모두 '단어 의식'을 형성할 수 있으며 습관적으로 공통 단어 요소를 인식할 수 있다는 이점이 있다.

모든 교사와 아이들은 단어 형태 분석이 때때로 오해를 불러일으킬 수 있음을 인지해야 한다. 'manslaughter(과실치사)'와 같은 일상어를 마주했을 때 우리는 상식적으로 'man(남자)'이라는 단어와 'slaughter(살인)'이라는 단어가 결합된 범죄와 관련된 단어라고 인지하지만, 배경지식이 부족한 아이들은 'mans(남자들)'라는 단어와 'laughter(웃음소리)'라는 단어가 결합한 것이라고 착각하기 쉽다.

이처럼 아이들이 오류를 범하게 만드는 단어 속의 단어를 찾아낼 수 있다.

'만화(cartoon)'처럼 단순한 단어는 '자동차(car)'라는 단어의 어근과 관련이 있는 것처럼 보일 수도 있지만, 'car(자동차)'가 아닌 'card(카드)'에서 파생된 단어이다. 그럼에도 불구하고 교사는 아이들이 실수하면서 단어 형성 과정을 깨닫도록 지원할 수 있다. 이를 통해 아이들은 자신의 단어 공백을 탐구하는 유의미한 경험을 할 수 있다.

교과에서 사용하는 단어를 설명하기 위해 단어 형태 분석을 활용하고자 한다면 라틴어와 그리스어 공통 어근부터 가르쳐야 한다. 다음은 학생들의 '단어 의식'을 촉진하고 스스로 단어 사례를 찾는 활동에 사용할 수 있는 일반적인 단어 어근의 예시이다.

| 어근 | 원어 | 영어 단어 예시 |
|---|---|---|
| **Aud**(듣는) | 라틴어 | Audible(들리는), Auditory(청각 기관의) |
| **Bio**(생명) | 그리스어 | Biology(생물학), biography(일대기), biosphere(생물권) |
| **Dic/Dic**(이야기하는 또는 말하는) | 라틴어 | Predict(예언하다), Dictate(구술하다), contradict(부인하다) |
| **fract**(깨뜨리는) | 라틴어 | Fracture(분쇄), fragment(파편), fractal(차원분열도형) |
| **Geo**(지구) | 그리스어 | Geography(지리), geology(지질학), geothermal(지구 열학의) |
| **Graph/gram** (쓰는 또는 그리는) | 그리스어 | Graphic(그래픽), graphology(필적학), grammar(문법) |

| Micro/mini(작은) | 그리스어/ 라틴어 | Microscope(현미경), microbe(미생물), minority(소수파) |
|---|---|---|
| Phon(소리) | 그리스어 | Microphone(마이크), cacophony(소음), phone(전화기) |
| Photo(빛) | 그리스어 | Photograph(사진), photon(광양자), phonology(음운론) |
| Port(실어 나르는) | 라틴어 | Export(수출하다), transport(수송하다), portfolio(서류가방) |
| Rupt(깨뜨리는) | 라틴어 | Rupture(파열), eruption(폭발), interruption(중단) |
| Scop(보는 또는 관찰하는) | 그리스어 | scope(관찰 기기), horoscope(점성술), microscopic(현미경의) |
| Spec/spect (살피는) | 라틴어 | Spectator(관객), speculate(심사숙고하다), spectrum(분광) |
| Struct(만들어 내는) | 라틴어 | Construction(건설), construe(분석하다), instructor(교사) |
| Tele(멀리) | 그리스어 | Telephone(전화기), telescope(망원경), television(텔레비전) |
| Tract(당기는 또는 끌어당기는) | 라틴어 | Detract(감소시키다), subtract(빼다), attraction(유혹) |
| Vis/vid(보는 또는 내다보는) | 라틴어 | Vision(시력), video(영상), advisory(자문의) |

이러한 어근 대부분은 우리가 매일 사용하는 단어의 정확한 의미를 알게 해준다. 어근 'dict'를 가지고 와서 'verdict(판정하다)'라는 단어 의미를 파악해 보라. '진실'을 뜻하는 'Ver'는 '말하는'이라는 뜻을

가진 'dict'와 결합하여 단어가 지닌 의미를 명확하게 드러낸다. 'Veracity(진실성)'와 'Verisimilitude(핍진성)'와 같은 단어도 마찬가지이다.

우리는 아이들이 단어의 어근을 들여다보고 단어 요소를 묶어서 단어 간 복잡한 관계를 이해하도록 도울 수 있다. 또한 'caput(머리)', 'ora/os(말하다)', 'dens(치아)', 'gaster(배)', 'neuron(신경세포)', 'manus(손)', 'ped/podos(발)', 'derma(피부)', 'carnem(육체)', 'oss(뼈)', 'cor/cardia(심장)', 'psyche(마음)'이라는 단어처럼 인체를 설명하는 데 사용되는 그리스어 및 라틴어 어근을 연결 짓도록 도울 수 있다. 'anthropos(인간)', 'civis(시민)', 'demos(일반시민)', 'ethnos(민족)', 'genus(탄생)', 'populus(대중)', 'socius(친구)'와 같은 어근에서 사람이 공동체로 조직되는 방식을 오래 기억할 수 있는 단어 범주를 생성할 수 있다(부록 2: 인체, 사람, 집단과 관련된 라틴어 어근 참조). 이와 같은 방식으로 단어를 오래 기억할 수 있도록 범주화하는 것은 체계적이고 확실한 어휘 발달을 돕는 효과적인 단어 형성 전략이다.

접두사와 접미사는 영어 발달에 필수적인 역할을 해왔으며, 그중 약 100개의 접두사가 영어의 대략 절반을 차지한다.[14] 접두사는 상대적으로 그 수가 적으므로 가르치는 데 특히 유용하다. 약 20개의 접두사는 접두사 단어의 약 97%를 차지하며,[15] 그중에 'un', 're', 'in', 'dis'가 전체 접두사 단어의 절반 이상을 차지한다. 'uncle(삼촌)'은 라틴어로 avunculus(외삼촌), 즉 '어머니의 형제'를 뜻하는데, 이처럼 몇몇 잘못된 접두사가 있지만 그 수는 극히 적다.

정리하면, 접두사와 어원은 유용하고 의미 있는 방식으로 결합한다. 'Dis'는 '떨어지다, 멀리'라는 부정적인 의미를 지닌다. 'discord(불일치)'라는 단어는 접두사 'dis'와 라틴어로 '마음'이라는 뜻을 지닌 'cord'가 결합한 것임을 알 수 있다. 이로 볼 때 'discord'는 은유적으로 우리의 마음과 상대의 마음이 저만치 떨어져 있음을 나타낸다. 일반적으로 접두사 'pre'는 '이전에(before)'를 의미하고 'post'는 '나중에(after)'를 의미하므로 두 요소가 결합하기는 어렵지만 '앞뒤가 뒤바뀐(preposterous)'이라는 단어에 결합해 있다. 'Pre'는 'post' 앞에 오는데, 말 그대로 '앞뒤(before after)'라는 뜻으로 터무니없고 가당찮은 상태를 의미한다.

영어에서 패턴을 나타내는 단어군으로 접두사를 정리하면 다음과 같다.

- 부정을 나타내는 접두사: **'dis', 'un', 'im', 'ir', 'non'**
- 위치를 나타내는 접두사: **'pre', 'fore', 'mid', 'into', 'post'**
- 위/아래 위치를 나타내는 접두사: **'super', 'over', 'sub'**
- 함께함을 나타내는 접두사: **'com', 'con', 'co'**
- 부정적인 자질을 나타내는 접두사: **'mal', 'mis' 'ant', 'contra'**
- 어떤 것 또는 누군가에 대해에 반대함을 나타내는 접두사:
- 숫자를 나타내는 접두사: **'uni', 'mono', 'bi', 'tri', 'quad', 'penta', 'dec', 'cent', 'sex', 'hex', 'sept', 'octo', 'non', 'semi'**
- 그 외의 유용한 접두사: **'re', 'trans', 'de', 'ex', 'under'**

일반 접두사의 의미가 더해져 새로운 단어가 형성된 예시는 다음과 같다.

| 접두사 | 의미 | 단어 예시 |
| --- | --- | --- |
| Anti- | ~에 적대하여 | Antibody(항체) |
| De- | 아래쪽으로, ~로부터 떨어지다, 분리 | Decline(감소하다) |
| Dis- | ~이 아니다, ~의 반대 | Disembodied(육체에서 분리된) |
| En-, Em- | ~을 하게 만드는 | Enable(~을 할 수 있게 하다) |
| Fore- | 앞의 | Foreground(전경) |
| In-, im- | 안으로 | Insidious(잠행성의) |
| In-, im-, il-, ir- | 아니다 | Illegal(불법의), irreligious(반종교적인) |
| Inter- | 사이에 | Interregnum(궐위 기간) |
| Mal- | 나쁜 | Malformed(기형의) |
| Mid- | 한가운데 | Midnight(한밤중) |
| Mis- | 잘못된 | Misinformed(잘못 알려진) |
| Non- | 없다 | Non-payment(지급 불능) |
| Over- | 지나치다 | Overwrought(과로의) |
| Pre- | 이전의 | Precondition(선결조건) |
| Post- | 이후의 | Postgraduate(대학교 졸업 후의) |
| Re- | 다시 | Reassert(거듭 주장하다) |
| Semi- | 절반 | Semiaquatic(염색체수가 절반인 상태) |
| Sub- | 아래에 | Submarine(잠수함) |
| Super- | 위에 | Superannuation(연금) |
| Trans- | 가로질러 | Transverse(교차로) |

| Un- | ~않는 | Unassuming(잘난 체하지 않는) |
| Under- | 아래에 | Underwhelming(압도적이지 않은) |

접두사에 대한 지식과 어휘 형성의 핵심적인 요소를 명시적으로 설명하고 통합하여 지도할 수 있는 수많은 방법이 있다. 접두사를 식별하면 그레이브스(Graves)와 해먼드(Hammond)가 제안한 몇 가지 간단한 단계를 따를 수 있다.[16]

1. 접두사를 별도로 제시한 뒤 4개 단어에 연달아 제시한다[예: 'Dis', 'disable(장애를 입히다)', 'disagree(동의하지 않다)', 'disbelief(불신)', 'disown(의절하다)'].
2. 접두사를 정의한다(예: dis - '따로 떨어져 있다'라는 뜻).
3. 문장 내에 전체 단어를 사용한다[예: '아이들이 불신의 눈으로 쳐다보았다 (The children stared in disbelief)'].
4. 단어를 정의한다[예: 불신(disbelief) - 어떤 것이 사실 또는 실재한다는 것을 수용하지 못하거나 거부하는 심리적 상태, 믿지 아니하거나 믿지 못함].
5. 위의 단계를 완료하고 토론한 후 학생들에게 해당 접두사가 들어간 다른 단어들을 찾을 기회를 준다.
6. 학생들이 단어 공책에 그 예시를 추가하도록 한다.

물론 어느 정도의 지도 계획을 미리 세운다면 이 지도법으로 다양한 어근을 가르치는 데 적용할 수 있을 것이다. 라틴어나 그리스어 학습은 전통주의적 관점의 학습법으로 알려져 있다. 이 고루한 관점은 단어 요소와 의미를 탐구함으로써 얻을 수 있는 창조적 즐거움을 제대로 담아내지 못한다.

약간의 지원과 상상력만 있다면 아이들은 교과서에서 만화책에 이르기까지 읽는 모든 단어의 패턴을 인식할 수 있다. 교과목 내의 단어를 연결하는 것에서부터 완전히 새로운 단어를 생성하는 것에 이르기까지 그 한계는 무궁무진하다. 언어에 대한 지식은 실제로 새로운 사고방식이자 강력한 지식이 된다. 낯선 단어는 익숙해질 수 있다. 새로운 단어는 친숙한 단어와 연결되면서 어휘력과 이해력이 함께 신장될 수 있다.

어원과 형태론 연구가 영어나 현대 외국어 교사의 전유물에 불과하다는 통념을 불식시킬 필요가 있다. 영어의 라틴어와 그리스어 어근이 소수의 특권층 자녀만 배우는 교육 내용이라는 선입견을 없애야 한다. 언어의 뿌리에 대한 접근법은 학교 교육과정에서 체계적이고 효과적인 지도법이 될 수 있다. 이러한 지도법은 철자를 비롯해 단어에 대한 다양한 문제를 다룰 수 있으며(6장에서 더 자세히 다룸) 도전적인 교과 교육과정에 필요한 학습 도구를 제공하여 폭넓고 깊이 있는 어휘력을 개발하도록 돕는다. 과거의 언어를 찾아가는 과정이 아이들의 미래를 가장 잘 대비하는 과정임은 분명하다.

# ● 요약

- 단어 지식과 학업 성공의 측면에서는 '단어 깊이'가 폭넓은 어휘량보다 더 중요할 것이다.

- 학교에서 다루는 학술적 글의 90% 이상의 어휘가 라틴어와 그리스어에서 유래된 것이므로 단어의 어원 지도는 학교의 학술적 코드를 배우고 학습 목적의 글을 해독하는 데 긍정적인 영향을 미친다.

- 교실에서 '단어 의식'을 장려하면, 단어에 대한 흥미와 호기심을 불러일으켜 풍성하고 깊이 있는 학습을 이끌어낼 수 있다.

- 형태론(단어 요소에 대한)에 대한 공부는 독해력을 향상하는 유용한 방법이다(제2언어 학습에서도 마찬가지이다). 우리는 단어의 어근에서 접두사에 대한 학습으로 넘어갈 때, 단어의 공통 요소를 인식하게 되므로 학술 어휘를 더 잘 이해할 수 있다.

- 약 100개의 접두사는 영어 단어의 절반 이상을 차지한다(자녀가 학교에서 읽는 글에서 더 자주 볼 수 있다). 우리가 'un', 're', 'in', 'dis'와 같이 고빈도의 접두사를 중심으로 명시적인 어휘 지도를 한다면 아이들이 공통적인 단어 패턴과 단어 집합을 인식하게 된다.

- 형태론과 어원 학습이 특정 학생에게만 단어의 '다면성'을 보여주는 수단이 되어서는 안 된다. 학교에서의 학술적 언어가 어떻게 소통되고 있으며 학술적 글을 어떻게 이해해야 하는지를 알려줌으로써 아이들의 어휘력을 키우는 필수적인 학습 도구를 제공해야 한다.

# ● 주석

1. Nagy, W., & Anderson, R. (1984). 'The number of words in printed school English'. Reading Research Quarterly, 19: 304–330.

2. Green, T. M. (2008). The Greek and Latin roots of English (4th ed.). Lanham, MD: Rowman & Littlefield.

3. Montgomery, S. L. (1996). The scientific voice. New York, NY: Guilford Press.

4. 과학에서 사용하는 어근은 논쟁의 대상이다. 온라인 어원 학습 도구(필자가 정기적으로 사용하는 훌륭한 교육용 자료)에서 정의를 참조하라. 2017년 12월 14일 온라인 접속: www.etymonline.com/index.php?allowed_in_frame=0&search=science.

5. Berne, J. I., & Blachowich, C. L. Z. (2008). 'What reading teachers say about vocabulary instruction: Voices from the classroom'. The Reading Teacher, 62 (4): 314–323.

6. Rasinski, T., Samuels, S. J., Hiebert, E., Petscher, Y., & Feller, K. (2011). 'The relationship between a silent reading fluency instructional protocol on students' reading comprehension and achievement in an urban school setting'. Reading Psychology, 32 (1): 75–97.

7. Perfetti, C. A., & Hart, L. (2002). 'The lexical quality hypothesis'. In L. Verhoeven (ed.), Precursors of functional literacy (pp. 189–213). Philadelphia, PA: John Benjamins.

8. Beck, I., McKeown, M., & Kucan, L. (2002). Bringing words to life. New York, NY: Guilford, p. 83.

9. Nagy, W., & Townsend, D. (2012). 'Words as tools: Learning academic vocabulary as language acquisition'. Reading Research Quarterly, 47 (1): 91–108. doi:10.1002/RRQ.011.

10. Holmes-Henderson, A. (2016). 'Teaching Latin and Greek in primary classrooms: The Classics in Communities project'. Journal of Classics Teaching, 17 (33): 50–53.

11. Nagy, W., Berninger V. W., & Abbott R. D. (2006). 'Contributions of morphology beyond phonology to literacy outcomes of upper elementary and middle-school students'. Journal of Educational Psychology, 98: 134–147.

12. Carlisle, J. F. (2010). 'Effects of instruction in morphological awareness on literacy achievement: An integrative review'. Reading Research Quarterly, 45: 464–487. doi:10.1598/RRQ. 45.4.5.

13. Reed, D. K. (2008). 'A synthesis of morphology interventions and effects on reading outcomes for students in grades K–12'. Learning Disabilities Research & Practice, 23: 36–49. doi:10.1111/j.1540- 5826.2007.00261.x.

14. Crystal, D. (2012). The story of English in 100 words. London: Profile Books.

15. White, T. G., Sowell, J., & Yanagihara, A. (1989). 'Teaching elementary students to use word part clues'. The Reading Teacher, 42: 302–308.

16. Graves, M., & Hammond, H. K. (1980). 'A validated procedure for teaching prefixes and its effect on students' ability to assign meanings to novel words'. In M. Kamil and A. Moe (eds.), Perspectives on reading research and instruction (pp.184–188). Washington, DC: National Reading Conference.

# 학술 어휘란 무엇인가?

 당신의 데이터 표현 폴더를 검색하여 비트맵(Bitmap) 이미지 작업을 시작하라. 제공된 16진수를 10진수로 변환하는 시트를 사용하라. 이것은 2진법 입력을 조작하여 이미지 생성을 할 수 있는지 확인하는 간단한 방법이다. 작업이 완료되면 이미지가 변환되어 저장될 것이다.

 학술 어휘를 이해하는 데에 고전하는 아이들의 어려움을 알고 싶다면 하루 동안 학교에 다니는 아이들을 따라다녀 볼 것을 제안한다. 몇 달 전, 나는 그렇게 해 본 적이 있다. 나는 10학년 학생인 데이비드(David)를 우리 학교의 정규 수업 시간 내내 따라다녔다. 컴퓨터 과학 GCSE부터 화학, 독일어, 수학, 마지막으로 영문학 수업에 이르기까지 데이비드가 책가방을 메고 다니는 길을 성실하게 따라다녔다.

데이비드가 잘 짜인 학교 시간표를 따라가며 당당하게 공부하는 모습을 보면서 인상 깊었던 점은 내가 다시 신입생이 된 듯, 학교가 낯설게 느껴져 무척 놀랐다. 브라운 선생님(Mr. Brown)이 차분하면서도 전문적인 분위기에서 시작한 컴퓨터 과학 수업에서는 '비트맵(Bitmap)', '데이터 표현(data representation)', '16진수(hex)', '2진법(binary)', '조작(manipulate)'을 언급하였는데, 이러한 단어들은 나로 하여금 낯설고 복잡한 컴퓨터 과학 어휘 속으로 침잠하게 했다. 불과 몇 분 후 내가 앉아 있는 플라스틱 의자만 불편한 것이 아니라 익숙한 교실에서 이방인이 되어버린 느낌까지 들었다.

데이비드와 같은 학생들은 학교를 다니는 동안 학습 과정을 능숙하게 소화한다. 컴퓨터 과학 과목뿐 아니라 중화 현상을 방정식으로 설명하는 화학 과목과 단어, 기호, 숫자, 방정식, 그래프가 결합된 언어를 다루는 수학 과목 그리고 새로운 독일어 단어들이 넘쳐나는 독일어 과목 등 여러 교과목에서 다루는 방대한 학술 어휘를 쉽게 이해한다.

여기서 명백한 사실은 데이비드가 '16진법(hexadecimal)'이나 '염산(hydrochloric acid)' 같은 학문 용어들을 자주 듣고 읽으며 '단어 깊이'를 쌓고, 자신의 어휘 저장고에 들어 있는 관련 단어들을 연결하며 저장하였다는 것이다. 그는 '변수(variable)'라는 용어가 컴퓨터 과학, 과학, 수학 교과들에서 각각 어떤 의미로 쓰이는지를 제대로 이해했기 때문에 해당 단어를 명확하게 이해한 상태로 듣고 쉽게 사용할 수 있었다.

데이비드는 학교의 학술적 코드를 해독하는 특권층에 속한 아이들을 대표한다(그 특권이 반드시 경제적인 배경인 것은 아니다). 데이비드는 친구들과 나누는 일상 대화에서 학업의 성공을 결정하는 학술적 코드를 듣고 능숙하게 코드를 전환하여 사용하는 모습을 보였다. 데이비드의 가방에는 5만 개 이상의 풍부한 단어가 실린 책이 가득 들어 있다고 쉽게 짐작할 수 있다. 책으로 가득 찬 그의 가방은 데이비드의 학교생활을 함께할 것이다. 그뿐만 아니라 학교 밖의 훨씬 더 먼 곳까지 그를 데려다 줄 것이다. 그는 틀림없이 성공적인 학교생활을 보낼 것이며 그의 풍부한 어휘는 삶에서 가치 있는 선택을 하도록 이끌 것이다.

데이비드와 같은 학생을 하루 동안 따라다녔던 경험은 마치 5개 국어를 배우는 느낌이었다. 데이비드처럼 풍부한 단어를 갖고 있지 않은 수많은 학생들은 교실에서 들리는 암호 같은 어휘들로 소외감을 느낄 것이다. 얼마나 많은 학생이 교실 속에서 자신의 패배감과 불안을 감추고 있는가? 이러한 상황에서 교실과 학교, 어디서나 어휘 격차는 아이들의 발언을 규정하고 궁극적으로는 삶의 선택에 영향을 미칠 수 있다.

## ◖ 학술적 코드를 해독하기

블레츨리 공원(Bletchley Park)은 자그마한 블레츨리 기차역 건너편에 있다. 밀턴 케인스(Milton Keynes)에 숨겨진 고딕 양식, 튜더 양식, 바로크 양식을 혼합한 이 작은 건축물은 2차 세계 대전의 주요 배경 중 하나이다.

영국 전쟁성(The British War Office)에서는 교수, 체스 챔피언, 세계 최고의 십자말풀이 해독가 등 남녀 암호학자를 블레츨리 공원으로 소집했다. 그들에게 부여된 '특수 임무'[1]는 암호 해독이었다. 허름한 건물에 갇힌 채 비밀 엄수를 맹세한 '스파이 학교'의 수많은 요원은 나치 군대가 사용하던 '에니그마 암호(Enigma code)'를 풀어 전 세계에 퍼진 독일군의 기밀 메시지를 해독했다.

밀턴 케인스의 오두막집에 숨어 묵묵히 암호를 풀어서 역사상 가장 포악한 전쟁에서 영웅 역할을 한 해독가의 이야기는 영국의 위대한 이야기이다. 전쟁이 끝난 후 블레츨리 공원은 교원양성대학이 되었다. 오늘날 우리가 돌보는 아이들이 일종의 암호 해독가가 되도록 돕는 일은 우리의 중대한 임무이자 역할일 수밖에 없다.

말에는 힘이 있다. 일부 아이들은 어떻게 토론이 쉬운 듯 자신감을 보일 수 있을까? 그들은 모국어를 매우 쉽게 구사하며 실제 나이보다 박식하고 권위 있어 보인다. 이런 아이들은 대학 면접을 보러 가거나 법정, 회의실, 심지어 의회에서 토론할 때도 똑같이 자신감 있는 태도로 임한다.

데이비드와 같은 아이들은 학교에서 이루어지는 모든 의사소통에서 점점 막강한 힘을 발휘한다. 이들은 분명 '타고난(natural)' 것 같지만 실제로는 그렇지 않다. 여기에는 '영재'라는 구시대적인 수식어가 암시하는 것처럼 타고난 '재능'의 힘이 있지는 않다. 자신감 있는 연설가는 대체로 유능한 연설가이다. 그들이 지닌 광범위하고 깊이 있는 어휘는 마치 회반죽을 발라 쌓은 벽돌처럼 그들의 강력한 주장을 견고하게 만들어 준다.

학교의 학술적 코드를 비롯하여 더 넓은 사회의 영향력 있는 환경을 수용하는 암묵적인 과정은 아이들이 학술적 코드를 해독하지 못하고 고전하는 모습에서 가장 확연히 드러난다. 이런 학생들은 공부를 못하는 학생으로 낙인찍힐 수 있다. 단순히 학교가 자신과 잘 맞지 않는다고 생각하는 아이들은 학교에서 이루어지는 무수한 의사소통 과정에서 주변의 부정적인 판단을 받아들여 왔다. 제2언어 학습자는 대체로 제2언어를 습득하는 데에 4~7년이 걸린다고 한다.[2] 영어를 처음 배우는 사람이 일상 회화에 능숙해지는 데에는 1년이 채 걸리지 않지만, 학교의 학술적 코드를 습득하는 데에는 7년 이상이 걸린다.[3]

이처럼 일상 대화와 학문적 대화의 복잡성은 극명하게 다르므로 학술 어휘는 마땅히 가르쳐야만 한다.

2011년 당시 이탈리아인 파비오 카펠로(Fabio Capello) 감독은 영국 축구팀 감독직에서 물러나기 전에 영국 축구팀과의 대화에서 많은 단어를 사용하지 않았던 이유를 대략 이렇게 설명했다. "만약 내가 경제나 다른 분야에 대해서 말을 해야 했다면 아무 말도 못 했을 것이다. 그러나 전술에 대해 말할 때는 많은 단어가 필요하지 않다. 최대 100개의 단어 정도면 충분하다."[4] 물론 카펠로는 100개 이상의 영어 단어(전형적인 2세 아동 수준의 어휘)를 알고 있지만, 일상 회화에서는 100개를 약간 웃도는 고빈도 단어와 단어 집합이면 충분하다는 사실을 보여주었다.

1970년대의 사회학자인 바실 번스타인(Basil Bernstein)은 '제한적 코드(restricted codee)'와 '정교한 코드(laborated code)'의 차이를 설명한 바 있다. 그의 '제한적 코드'에 대한 개념은 우리의 전형적인 일상 대화와 비슷하다. 즉흥적이고 비형식적인 말이며 휴지('어'와 '아'와 같은 간투사), 반복하는 말, 말실수 및 교정하는 말 등이 주를 이룬다. 주로 몸짓 언어와 주변 일상에 대한 이야기로 소통한다. 이러한 언어들은 덜 정교하므로 누구든지 이해하기가 쉽다. 반면에 '정교한 코드'는 학교, 대학, 직장에서 사용하는 학술적 코드이다. 정교한 코드를 지닌 언어는 제한적 코드보다 정교하며 더 희소하고 복잡한 단어들로 구성되어 있다.

제한적 코드와 정교한 코드의 차이점은 가상 교실 대화의 짧은 예문을 통해 확인할 수 있다.

| 일상 대화 | 몇 달 동안 비가 오지 않았다. 농부들은 가뭄에 대처하기 위해 농작물에 물을 주는 새로운 방법을 동원했다. |
| --- | --- |
| 학문적 대화 | 가뭄을 완화하기 위해 수화(hydration) 기술이 활용되었다.[5] |

'우리가 말하는 방식'과 '과학자가 말하는 방식'은 명백히 다르다. 그렇다고 해서 '우리가 책처럼 말해야 한다'는 의미는 아니지만, 두 방식 사이에는 어휘 차원의 코드 변환이 존재한다는 사실은 분명하다.

하지만 학교의 학술적 코드를 지닌 단어가 곧 '어려운 단어'에만 국한되지는 않는다(그렇다 하더라도 학문적 대화에서는 라틴어와 그리스어 어근, 접두사, 접미사를 지닌 긴 단어가 흔할 것이다). 이렇게 사용되는 단어는 의미의 복잡성과 밀집도가 훨씬 더 중요하다. 학생이 쉽게 이해하도록 교사가 단순하게 설명하려는 시도는 바람직하지 않다. 대신 그들이 학술적 코드를 해독할 수 있는 열쇠를 주어야 한다. 매일 교실에서, 습관이 될 때까지 학문적 대화를 직접 나누어 보거나 글로 쓰는 연습을 반복해야 한다.

기본적으로 교사 설명은 학문적 대화와 어휘 사용에 대한 시범, 안내, 지침 등을 제공해야 한다. 미국의 독서 전문가 에이미 벤자민(Amy Benjamin)은 다음과 같이 말했다.

> 교사는 학생들이 잘 모를 것이라 짐작하는(또는 그렇게 알고 있는) 단어를 사용해야 하지만, 동시에 그 단어를 이해할 수 있는 정보도 함께 제공해야 한다. 교사가 이렇게 말하는 방식을 습관화하면 학생들은 행운을 얻는 것이다.
>
> - 「읽기-쓰기 워크숍에서 어휘 불어넣기」,
> 에이미 벤자민(Amy Benjamin), 19쪽

벤자민은 예시, 시각 자료 등 여러 전략을 사용해 학생의 배경지식과 기존에 알고 있는 단어들을 연결하는 지도법을 권장한다. 교사의 설명에 '엄선한 높은 수준의 단어'를 엮으라는 권장 사항은 훌륭한 교사라면 당연히 해온 일이다. 하지만 아이들이 학교에서 배우는 내용의 복잡성을 판단하는 과정에서 어휘가 우선시된다는 점을 고려하면 수업 계획, 지도법, 일상 대화에서도 이러한 방식을 적용해야 한다.

또한 교사는 단어 설명의 양에 의존하기보다는 '질'에 초점을 맞춰야 한다. 예를 들어 교사의 설명과 엄선한 수준 높은 단어를 연결할 때 학술적 담화 표지를 이용하여 "하지만 청중은 햄릿이 극적인 영웅이라는 생각에 의문을 품을 수도 있다. 또는 청중은 햄릿을 이와 다르게 인식하여…"라고 정리할 수 있다. 이렇게 이처럼 '보다(see)' 대신에 '인식하다(perceive)'와 같은 정확한 학술 용어를 사용한 것처럼 교사의 간단한 단어 선택으로 우리 아이들의 단어 저장고는 갈수록 풍성해질 것이다. 학생이 처음에 선정한 단어를 교사가 적확한 단어로 바꾸면 다음과 같이 대답해 줄 수 있다.

| 학생 | 그들은 무슨 일이 일어날지 짐작하고 있어요. |
|---|---|
| 선생님 | 네, 좋습니다. 극작가는 복선(foreshadowing)이라는 장치를 사용하여 청중에게 질문을 던집니다. 청중은 어떤 질문을 할까요? |

이처럼 교사는 보다 제한적인 일상 대화를 더욱 정교한 학문적 대화로 전환하는 시범을 항상 보여줄 수 있다.

아이들이 가족이나 친구와의 일상 대화를 공식적인 상황에서 학교의 학술적 코드를 자연스럽게 변환하여 사용하는 방법을 배우면 미래의 성공을 위한 핵심 수단 중 하나를 갖게 된다. 제2언어 학습자는 학술적 코드를 익혀 서로 다른 언어의 의미를 조정하고 상호 전환하는 경험을 통해 코드 해독 및 코드 전환 전문가가 될 수 있다. 제한된 어휘력으로 인해 교실에서 부진아로 여겨진 아이들은 학업 성과를 낼 수 있다는 자신감을 갖게 된다.

궁극적으로 우리는 교실에서 풍부하고 학문적 대화를 사용함으로써 교실 속 어휘 격차를 좁히는 데에 기여할 수 있다. 어휘는 권력과 특권의 도구로서 기능한다. 학계, 직업 그리고 사회적 지위에서 '제한된 코드'는 많은 논쟁이 있어 왔다. 제한된 어휘는 우리를 그 권력 구조에서 배제하기도 한다. 우리의 일상 언어가 사회적인 힘과 가치가 낮다는 말을 하려는 것이 아니다. 단지 제한된 어휘로는 우리가 원하는 상황에 진입할 수 있는 코드를 해독하지 못하므로 권력으로 향하는 길에 접근하지 못한다는 것이다.

모두가 익히 알고 있듯, 억양과 같은 단어의 발화 방식뿐 아니라 성별, 계층, 국적, 인종 등은 사회적 진입로에서 우리를 배제하기도 한다. 아이들이 어휘를 확장하도록 도와준다고 해서 사회적 불평등과 계급에 따른 불공정성을 없앨 수는 없겠지만, 여기서 새롭게 시작할 수는 있다. 우리는 그 첫걸음을 내딛는 것이다. 어휘 교육이 우리를 갈라놓는 의사소통의 장벽을 허물면서 사회를 더 나은 방향으로 변화시키는 중요한 도약이 될 수 있다.

# ● 말하는 단어와 읽는 단어의 차이

아이들의 조기 언어 발달과 어휘 성장은 "말이라는 이름의 바다 위에 떠 있다."[6] 취학 전 가정에서 아이들이 3천만 단어의 상당한 격차를 보였던 것을 기억하는가? 특히 연령이 높은 학생에게는 학문적 대화만으로 교실 속 어휘 격차를 완전히 좁히지 못한다는 사실을 인식하는 것이 중요하다.

교실에서 아무리 시범 보이고, 비계를 지원하고, 학문적 대화를 장려한다고 하더라도 교사의 말은 아이들이 읽는 언어만큼은 복잡하지 않다. 즉, 아이들의 연령이 높아질수록 주고받는 대화와 읽는 내용의 간극은 점점 더 커질 것이다.

이러한 사실은 쉽게 알 수 있다. 아동 서적에는 텔레비전에 나오거나 졸업생이 주고받는 대화 속 언어보다 50%나 생소한 단어가 들어 있다.[7] 아동 문학이 법정 담화를 제외한 성인이 주고받는 대부분의 대화보다 더 어려운 수준이라면 이는 학교에서 학습을 위한 읽기 능력의 향상에 중점을 두어야 할 당위성이 생기는 것이다.

개정판 GCSE 화학 교과서에서 인용한 일부 구절을 읽어 보자.

설탕을 다당류로 만드는 법

단당류는 서로 결합해 더 큰 분자를 만들 수 있다. 예를 들어 자당은 포도당과 과당 분자가 결합해(결합 시 $H_2O$가 손실되는 축합 반응이 매개되면서) 만들어진다.

단당류 당도 다당류라고 불리는 고분자를 형성하는 단량체 역할도 할 수 있다. 다당류는 수천 개의 당의 단량체로 구성될 수 있다. 그림 4는 축합 반응으로 결합된 포도당 단량체로 추출된 전분 및 섬유소의 단순 구조를 보여준다.

- 「화학」, 제3판, AQA(옥스포드), 172쪽

이상의 예문은 일부러 까다로운 구절을 골라서 가져온 구절이 아니다. **1장에서 살펴본 '도도새의 죽음'**이라는 글을 기억하는가? 학생들이 보는 책을 골라 아무 쪽이든 펼쳐서 직접 확인해 보라.

인용한 구절에서 알 수 있는 사실은 학술적 언어에 고도의 기술적 스타일이 있다는 것이다. 정교한 명사들은 '포도당과 과당 분자(a glucose and a fructose molecule)', '축합 반응(condensation reaction)', '단당류 당(monosaccharide sugars)'처럼 확장된 명사구로 묶인다. 이 명사구의 대부분은 **'명사화(nominalisation)'**의 예이다. 이것은 학술 어휘와 글에서 흔히 볼 수 있는 필수적인 문법화의 특징이다. 명사화는 일반적으로 동사나 형용사에 접미사를 붙여서 명사의 기능을 하는 형태로 바꾸는 문법 현상이다. 예를 들면 동사 '응축하다(condense)'는 명사 '축합(condensation)'이 되고, 동사 '반응하다(react)'는 명사 '반응(reaction)'이 된다. 명사화의 용법은 학술적 글쓰기의 특징인 피동적이면서도 심원한 문제를 만드는 데 도움이 된다. 그 예로 '가스가 액체로 응축된다(gas condenses into a liquid)'는 말은 곧 '응결(condensation)'이라는 단어로 바꿔 쓸 수 있다. 이처럼 의미 압축을 통해 전체적인 과학적 과정이 명확해진다.

언어의 압축은 복잡한 과정을 적확하게 설명하는 데 유용할지는 몰라도 읽기에는 까다롭고 난해하다. 이러한 언어적 기술을 설명하는 것도 매우 어려운 일이다!

자, 과학과 같은 학문 교과에서는 '대상(thing)'의 명칭, 즉 난해한 명사구를 안다고 해서 그 '대상'을 깊이 있게 이해한다는 것을 의미하지는 않는다. 그런데 당신이 '대상'의 이름조차 읽지도 못한다면, 그 대상을 이해할 가능성은 극히 적다. 교과 특수 어휘는 단당류로부터 다당류를 만드는 과학적 과정을 더 잘 이해하기 위한 첫 번째 장애물이자 관문이다.

과학적 과정과 물질에 대한 정교한 명칭은 대체로 아이들에게 생소한 단어이지만, 일반적으로 단일 의미를 지니므로 배우기에는 비교적 수월하다. 과학과 같은 교과목에서 특정 의미를 드러내는 공통의 라틴어와 그리스어 어근, 그리고 접두사와 접미사가 있는 단어를 흔하게 볼 수 있다. 위의 구절에서 'glucose(포도당)'라는 어근을 추출할 수 있다. 단어 'glucose'는 광범위하게 사용되는 전문 용어 중 하나이다. 학생들은 슈퍼마켓에서 본 적이 있거나 과학 실험실과 식품 실험실에서 접해봤을 수도 있다. 'glucose'의 접미사인 'cose'는 그리스어로 '달콤한 포도주'를 의미하는데, 보통 단당류를 설명하는 글에서 다음과 같은 단어로 자주 등장한다. 그 예는 'glu<u>cose</u>(포도당)', 'fruc<u>tose</u>(과당)', 'suc<u>rose</u>(자당)', 'cellu<u>lose</u>(섬유소)'와 같다.

학생들이 알고 있을 가능성이 높은 '포도당'이라는 단어에는 교사가 어휘 지도할 때 활용할 수 있는 전체 단어 집합 및 관련된 의미를 분류하는 연결 고리가 있다. 그렇다면 학술 어휘를 가르칠 때, **동의어(synonyms, 동일한 의미를 지니거나 유사한 의미를 지닌 단어)와 반의어(antonyms, 반대의 의미를 가진 단어)**뿐만 아니라 단어 집합까지 찾아야 한다. 단어 집합은 단어의 연결 고리를 강화해줌으로써 단어를 오랫동안 기억할 수 있게 한다. 인간의 뇌는 패턴을 만드는 기계이며, 실제로 단어 집합이 곧 단어를 기억하는 방식이다.

이상의 화학 교과서 예문과 같은 정보 글은 대부분의 아동이 읽고 자란 허구의 이야기와는 매우 다르다는 점을 인식하는 것이 중요하다. 앞서 설명한 대로 학술 어휘는 라틴어와 그리스어 어근과 접두사 및 접미사가 있는 명사와 다음절 단어들로 가득하다. '부위(area)', '물리력(force)', '역률(moment)'과 같은 학술적 단어들도 있는데, 이러한 단어들은 교과 지식이 요구되는 매우 특수한 의미를 지니고 있다. 그와 반대로 허구의 이야기에서는 형용사, 부사, 동사 등을 강조하여 등장인물, 배경, 감정을 묘사한다. 다음의 두 가지 유명한 도입문을 읽어 보자.

> 4월의 어느 화창한 추운 날, 시계는 13시를 가리키고 있었다.
> - 「1984」, 조지 오웰(George Orwell)[8]

> 어느 날 아침, 그레고리는 악몽에서 깨자마자 자신의 침대에서 기괴한 해충으로 변해버린 자신을 발견했다.
> - 「변신(Metamorphosis)」, 프란츠 카프카(Franz Kafka)[9]

여기에서 '화창하다(bright)', '춥다(cold)', '불쾌하다(uneasy)', '기괴하다(monstrous)'와 같은 형용사는 불길한 분위기를 환기하며 저자의 의도를 전달하는 데 매우 중요한 역할을 한다.

명사 '13(thirteen)'과 '해충(vermin)'은 복잡한 단어는 전혀 아니지만 독자가 고려해야 할 미묘한 의미 층위를 지닌다. 아이들은 처음, 가운데, 끝으로 이어지는 이야기 장르에 대한 오랜 배경지식에 의존해 단어들의 의미 층위를 파악할 수 있다.

역사적 사료에서도 마찬가지로 소설 도입부처럼 능동태와 친숙한 서술적 요소들로 사건을 묘사하고 있을 수 있다. 예를 들면, 아래와 같은 오마하(Omaha) 해변에 상륙한 디데이(D-Day)에 대한 1인칭 시점 서술은 문체가 매우 친숙하며 어휘 면에서 비교적 까다롭지 않다.

> 우리의 공격용 주정(assault boat)이 모래 언덕에 부딪혔다. 언덕을 넘어 살펴보니 해변에서 최소한 75야드가 떨어진 곳이었고, 우리는 정박할 육지가 간절했다. 나는 조타수에게 "더 깊이 진입해보자."고 말했다. 조타수는 이미 수차례 시도해봤지만 절대 불가능하다고 소리치며 말했다. 영국 선원은 배짱 하나는 두둑했지만, 모래 언덕에서 탈출하지 못할 것이라 생각하는 듯했다. 나는 그에게 이 언덕을 벗어나지 못하면 우리는 여기서 죽음을 맞이할 것이라고 말했다.
>
> - 1944년 6월 6일, D-Day의 명령,
> 제럴드 에스터 (Gerald Astor), 4쪽

여기서 '공격용(assault)', '모래 언덕(sandbar)' 및 '조타수(coxswain)' 등의 단어는 대부분 학생들이 가진 배경지식 밖의 특수한 의미를 지니지만 단어 자체는 특별히 학술적인 의미를 지니지는 않는다. 이 구절이 나타내는 극적인 행동 자체는 모호하지 않다. "배짱이 두둑하다.(had all the guts in the world)"라는 은유는 생생하고 구체적인 묘사로 의미를 한층 더한다. 이처럼 역사적 상황에 대한 글을 읽을 때에는 글의 관점을 세우고, 의미를 선별하고, 그 상황에서 다른 관점의 글과 비교해서 읽어야 한다. 아이들은 사건에 대한 '이야기'를 새롭게 구성할 수 있다(글 읽기에서 중요한 '정신 모델'을 기억하라).

즐거움을 위한 읽기를 권장하는 일이 학술적 코드를 해독하는 데에 가치 있고 중요한 일이지만, 소설의 어휘와 문체가 전형적인 학교 교과과정에서 자주 접하는 수많은 비문학 정보 글과는 매우 다르다는 사실을 알아야 한다. 주어진 주제에 대하여 다양한 글의 유형을 결합하여 읽는 행위뿐 아니라 단어와 글 사이의 중요한 패턴과 관계를 인식하는 것도 글 이해에 도움이 된다.

중학교 1학년이 되면 아이들의 듣기 이해력은 복잡한 단어와 글을 읽는 능력을 갖추게 된다는 사실을 익히 잘 알고 있다. 이에 우리는 교실 속 아이들이 어휘 지식을 탐구하고 때때로 복잡한 학술적 글을 소리 내어 읽을 수 있도록 지도해 볼 수 있다. 이는 '단어 의식'의 중요성을 보여주는 방법의 예이다. 여기서 교사는 교실에서 사용하는 모든 글의 난이도를 중요하게 고려해야 한다.

학자들은 누구나 이해하기 쉬운 방식으로 학술 언어를 정의하고자 했다. 윌리엄 나기(William Nagy)와 다이애나 타운센드(Dianna Townsend)는 '도구어'를 설명하기 위해 유의미한 연구를 진행했으며 전형적인 학술 언어를 설명하는 여섯 가지 공통 특징을 다음과 같이 제시했다.[10]

1. 라틴어와 그리스어 어휘의 비중이 높다.
2. 복잡한 철자를 지닌 복잡한 단어의 비율이 높다.
3. 명사, 형용사, 전치사의 비율이 높다.
4. 확장된 명사구와 명사화의 비율이 높다.
5. 높은 수준의 정보 밀집도, 즉 많은 의미를 전달하는 단어가 거의 없다.
6. 높은 수준의 추상화, 즉 현재 실재하지 않는 단어들이다.

1번과 2번은 서로 연관되어 있으므로 더 이상의 설명이 필요하지 않을 것이다. 3번은 학문적 대화가 일상 대화의 특징인 힌트나 뉘앙스가 아닌 명사를 더 많이 사용하고 있음을 보여준다. 이는 4번에서 밝힌 일반적으로 명사구 형식인 확장된 명사구의 사용과도 관련이 있다. 이러한 명사와 확장 명사구는 정보 밀집도(5번)와 추상화(6번) 정도가 높은 편이다. 이 여섯 가지 공통적인 특징은 학술 언어가 어떻게 이해되며, 학술 언어 학습이 왜 어려운지를 잘 설명해준다.

나기와 타운센드는 학문적 대화 또는 이와 유사한 글에서 사용되는 추상어에 대해 다음과 같이 설명하였다.

예를 들어 수학 관련 글에는 길이, 너비, 둘레, 더하기, 빼기와 같은 추상 명사가 포함될 수 있다. 생물학 관련 글에는 호흡이나 유사 분열과 같은 과정에 대한 추상 명사가 포함될 수 있다.[11]

- 「도구어: 언어 습득으로서의 학술 어휘 학습」,

윌리엄 나기와 다이애나, 94쪽

아이들은 '난해한 학문적 대화'를 쉽게 포기할 수도 있다. 하지만 아이들이 학술 언어의 특성에 대한 인식 하에 말하고 읽고 쓸 수 있는 능력이 없다면 학술 언어의 일부를 직관적으로 이해한다고 하더라도 학업 성공을 거두기는 어려울 수 있다. '언어는 힘이다'라는 말이 있듯이 학술 언어는 지배층의 언어이기도 하다.

## ◗ 어떤 학술 단어를 선정해야 하는가?

우리는 교과 학문에서 사용하는 학술적 글의 유형과 특성이 다르다는 사실을 알고 있다. 또한 특정 교과에 고유한 단어와 단어 집합이 있다는 사실도 안다. 우리는 과연 이러한 단어들을 가르치는 데에 시간을 얼마나 할애해야 할까? 어떤 단어들이 읽기 활동 및 학교 교육과정에서 더 중요할까?

어떤 단어를 가르치고 안 가르칠 것인지 선택하는 작업은 교육과정 설계와 수업 계획 면에서 모두 중요하다. 다행히도 언어 전문가들은 학술 어휘를 분류하는 방법을 오랫동안 그리고 치열하게 고민한 끝에 어떤 단어들이 읽기와 학교의 학문적 코드에 더 중요한지를 다음과 같이 도식화하였다.

　이사벨 베크(Isabel Beck)과 그녀의 동료들은 어휘에 대한 획기적인 연구를 한 뒤, 『단어에 생명 불어넣기(Bringing words to life)』라는 저서에서 교실에서 단어를 지도하는 데에 유용한 지침이 될 3단계 계층 구조를 제안하였다. 각 단계별 어휘는 다음과 같다(그림 4.1 참조).

그림 4.1 어휘의 3단계 계층구조

　**1단계** 단어는 'people(사람들)', 'good(좋은)', 'other(다른)'와 같이 일상 대화에서 사용하는 기본 단어이다(부록: 가장 흔하게 사용되는 영어 단어 100개 참조). 이 단어들은 대개 은연중에 학습되며, 명시적인 지도는 필요하지 않다. 이와는 대조적으로 **2단계** 단어는 학교 교과과정 전반에 걸쳐 나타나는 유용한 단어들이지만 일상 대화에서는 자주 사용하지 않는다.

2단계 어휘는 학술적 코드를 해독하는 데 필수적이다. 베크와 그녀의 동료들은 2단계 단어를 명시적으로 지도해야 한다고 강력하게 주장한다. 학교 교육과정에서 학생들이 한 번쯤은 읽어 봤을 영어 역사의 명문인 '대헌장(The Magna Carta)'을 읽어 보기 바란다. 대헌장에서 발췌한 다음 문장은[12] 범죄자가 되려는 사람에게 경고하는 메시지이다.

> 삼림들과 야생 조수 사육 특허지들 및 그곳의 관리자들, 보안무관장들 및 그 부하들, 강둑들 및 그 관리자들과 관련된 모든 악습들은 즉시 모든 주에서 열두 명의 맹세한 기사들에 의해서 조사될 것이며, 수사한 지 40일 이내에 악습들은 완전히 그리고 되돌릴 수 없이 폐지될 것이다. 단, 짐이 영국에 있지 않은 경우에는 사전에 짐의 대법관에게 통보한 후 시행해야 한다.
>
> - 대헌장, 1215

우리는 아이들이 '악(evil)'의 의미를 알고 있다고 확신했을 수도 있다. 이 글은 교사가 종교적 색채로 지도하는 접근법이 유용할 수도 있다. 여기서 2단계 단어는 'investigated(심사된)', 'enquiry(수사)', 'irrevocably(되돌릴 수 없이)'에 해당한다. 우리는 'investigated'와 'enquiry'라는 단어는 서로 바꿔 쓸 수 있다는 점은 익히 알고 있다. 하지만 이 'enquiry'라는 단어는 더 깊이 탐구할 필요가 있다. 또한 교사는 학생들에게 익숙한 정의와 자주 사용하는 단어의 예를 제시하기 전에 'enquiry'와 'quiry'를 명확하게 구분하여 설명해 주어야 한다. 읽기 전 단계에서는 어떤 단어를 설명할 것인지에 대해 미리 계획하고, 읽는 중 단계에서는 단어를 먼저 가르치고 강조하면서 2단계의 학술적 단어를 제대로 습득하도록 도울 수 있다.

2단계 단어의 특성은 하나의 의미로 고정되어 있지도, 구체적인 의미를 지시하지도 않는다. 'abolished(폐지)'와 'irrevocably(되돌릴 수 없이)'와 같은 단어는 'end/stop(끝/정지)' 또는 'final(끝내)'와 같은 1단계 단어를 대신하는 정교한 코드의 단어이며, 전형적으로 이러한 단어들은 접두사와 접미사를 갖고 있다. 문학 작품에서 'enquiry'를 사용했듯, 교사가 교실에서 **2단계** 어휘를 중점적으로 사용함으로써 아이들의 학문적 대화와 글쓰기 능력이 신장되도록 도움을 줄 수 있다 (예: '관객은 수사관의 의도를 궁금해 할 것이다'). 실제로, 대중적인 영문학 작품인 「밤의 방문객(An inspector calls)」이라는 글에서 주인공 수사관(Inspector)은 다음과 같이 말한다. "한 번에 한 사람에게 한 줄의 질문을 해야 한다. 그렇게 하지 않으면 수사는 뒤죽박죽이 된다."[13]

2단계 단어는 전 교육과정에 걸쳐 글에 자주 등장하며, 아이들의 학문적 글쓰기를 쓰는 데에도 매우(또는 '대단히'라는 말을 해야 할지도?) 유용하다. 그 예는 다음과 같다. 역사 교과에서 "노예제도는 미국에서 다시는 복원할 수 없도록 폐지되었다.", 또는 예술 교과에서 "20세기 파블로 피카소가 등장하면서부터 예술의 판도는 완전히 달라졌다.", 지리 교과에서 "정부의 대대적인 중재가 없었다면 열대우림의 어느 지역은 다시는 돌이킬 수 없을 정도로 황폐해졌을 것이다."

베크와 동료들이 제시한 마지막 계층은 **3단계** 단어이다. 이는 우리가 그동안 교과 특수 어휘로 불렀던 단어들이다. 이 단계는 과학 교과의 '광합성(photosynthesis)', '다당류(polysaccharides)', '핵(nucleus)'과 같은 단어들, 또는 음악 교과의 '곡조(melody)', '음색(tone)', '알레그로(allegro)'와 같은 단어들을 포함한다. 이러한 단어들은 비록 '단어 깊이'는 없을 수도 있지만 실제 수업에서 자주 등장하는 단어들이다. 학교 교과서에는 3단계 단어들이 꽤 많이 등장하므로 3단계 단어의 중요성을 강조하고 단어장을 만들면 어휘 학습에 도움이 된다.

일반적으로 교사나 교과서는 3단계 어휘를 더 중시하지만, 3단계의 전문 용어를 이해하려면 2단계 어휘를 알아야 한다. 수업에서 활용할 글을 선정할 때 2단계 및 3단계 단어에 세심한 주의를 기울이는 것이 중요하다. 학생들은 이러한 단어들을 인지적으로 처리하고 이해하면서 학술적 코드를 해독하기 때문이다.

제시된 2단계 단어 중 일부는 유의미한 논쟁거리가 될 수도 있다. '선율(melody)'와 '음색(tone)'은 음악 교과에서는 3단계의 교과 특수 단어로 기능하지만, 영문학 수업에서도 익히 사용되는 단어이다. 수학 교과에서 면적(area)이라는 단어가, 과학 교과에서 에너지(energy)라는 단어가 전형적인 3단계 학술적 단어이기 보다는 전형적인 2단계 단어에 더 가깝다. 물론, 그러한 논쟁 자체는 유의미하며 '단어 의식'의 좋은 예가 되기도 한다. 이러한 사고방식으로 교육과정과 수업 설계를 구상한다면 분명 학생의 어휘력 발달에 좋은 결과가 있을 것이다.

직접 시도해 보길 바란다. 이번 주 수업에서 사용한 글을 가져오든 온라인 신문 기사를 선택하든 책꽂이에서 책 하나를 무작위로 뽑아 보라. 한 구절을 골라서 베크의 어휘 단계에 따라 어휘들을 분류해 보아라.

**2단계** 단어는 몇 개를 찾았는가?
**2단계** 단어의 개수는 글의 이독성과 어떤 상관관계가 있는가?

## ● 누구나 선호하는 목록

우리에게 유용한 또 다른 학술적 어휘군이 선정되었다. 에이브릴 콕스헤드(Avril Coxhead)는 '학술 단어 목록'(Academic Word List, AWL)이라는 이름으로 다양한 대학 수업용 글에 제시된 350만 개 이상의 단어 중 570개 단어를 정리하였다. 예를 들면 '분석(analysis)'은 '분석하다(analyse)', '분석(analyses)', '분석한(analysed)', '분석가(analyst)' 등 여러 단어들을 포함하고 있다. 이 목록은 영어에서 흔히 사용되는 단어 2천 개를 제외하고 최소 100번 이상 등장하는 단어 집합만 포함한다.

학술 단어 목록은 우리에게 가장 중요한 **2단계** 단어 중에서 핵심 단어들을 가려낸 것이므로 교육 현장에서 유용하게 활용할 수 있다. 이 목록에서는 학교 교과서, 학술 논문 등에 나오는 많은 학술적 단어를 총망라했다. 따라서 학술 단어 목록에 대한 지식은 학업의 성공을 바라는 학생들이 달성해야 할 필수적인 목표이다.

콕스헤드가 제시한 '학술 단어 목록'에서 상위 60개 단어만을 살펴보기로 한다. 이 단어들은 물론 학교에서 자주 접하는 친숙한 단어들이다. 이 중 대부분이 학술적 단어이기도 하며, 철자 오류가 있는 단어들도 꽤 있다!

| Analyse | Approach | Area | Assess | Assume | Authority |
|---|---|---|---|---|---|
| 분석하다 | 접근하다 | 지역, 구역 | 평가하다 | 추정하다 | 지휘권, 권한 |
| Available | Benefit | Concept | Consist | Constitute | Context |
| 이용할 수 있는 | 이익, 혜택 | 개념 | 구성되다 | 이루다 | 맥락, 문맥 |
| Contract | Create | Data | Define | Derive | Distribute |
| 계약, 수축하다 | 창조하다 | 자료 | 정의하다 | 유래하다 | 분배하다 |
| Economy | Environment | Establish | Estimate | Evident | Export |
| 경제, 절약 | 환경 | 설립하다 | 추산, 평가하다 | 명백한 | 수출하다 |
| Factor | Finance | Formula | Function | Identify | Income |
| 요인, 인수 | 재정, 융자하다 | 공식, 화학식 | 기능, 함수 | 확인하다 | 소득, 수입 |
| Indicate | Individual | Internet | Involve | Issue | Labour |
| 나타내다 | 개개의 | 인터넷 | 수반하다 | 주제, 발표하다 | 노동, 애를 쓰다 |
| Legal | Legislate | Major | Method | Occur | Percent |
| 법률상의 | 제정하다 | 주요한, 전공 | 방법, 체계성 | 일어나다 | 백분율 |
| Period | Policy | Principle | Proceed | Process | Require |
| 기간, 시대 | 정책, 방책 | 원칙, 주의 | 진행하다 | 과정, 처리하다 | 요구하다 |
| Research | Respond | Role | Section | Sector | Significant |
| 연구, | 응답하다 | 임무 | 부분, | 부문, 부채꼴 | 중요한, |

| 연구하다 | | | 절개하다 | | 유의미한 |
| --- | --- | --- | --- | --- | --- |
| **Similar** | **Source** | **Specific** | **Structure** | **Theory** | **Vary** |
| 유사한, 동종의 | 원천, 정보원 | 특수한, 구체적인 | 구조, 조직하다 | 이론, 학설 | 다르다, 변동하다 |

전체 목록을 확인하려면 부록 4 에이브릴 콕스헤드의 전체 570단어 '학술 단어 목록'을 참조하라.

콕스헤드의 단어 목록을 영국의 출제 위원회(exam board) 시험에 자주 등장하는 지시문과 비교해보면 중복된 단어들이 꽤 있다. 말하기와 읽기에서 의미조차 모르는 단어 목록을 무분별하게 사용하는 것은 경계해야 한다. 그렇지만 우리가 학교 교과과정의 학술 어휘를 식별하는 작업부터 시작하면 아이들이 바로 그 단어들을 해독하고 사용하는 데에 별 도움이 되지 않을 것이다.

학술 단어 목록은 우리가 주목해야 할 유일하고 유용한 단어 목록이다. 학술적 글쓰기를 구성하는 데에 유용한 담화 표지 목록을 작성해 볼 수 있다. 담화 표지는 학문적 대화, 읽기, 쓰기에서 글을 응집성 있게 만들어주는 접착제와 같은 역할을 한다. 학생들이 글을 성공적으로 해독하기 위해서는 담화 표지를 인식하고 자유자재로 사용할 수 있어야 한다. 모든 교사가 반복적으로 담화 표지를 사용하면, 학생들의 어휘 저장고를 견고히 할 기회를 제공할 수 있다.

| 순서 | 비교 | 대조 | 한정 |
| --- | --- | --- | --- |
| 첫째(로) | 유사하게 | 그렇지 않으면 | 아무리 ~할지라도 |
| 둘째(로) | ~와/과 비슷하게 | 반대로 | 비록 ~일지라도 |
| 셋째(로) | ~와/과 같이 | 반면에 | 그럼에도 |
| 다음으로 | ~와/과 같은 맥락에서 | 대조적으로 | 그런데도 |
| 마침내 | 마찬가지로 | 대신에 | 그러하긴 하지만 |
| 끝으로 | ~와/과 흡사한 | 그 밖에 | 그렇지마는 |

| 보강 | 강조 | 예시 | 경과 |
| --- | --- | --- | --- |
| 더군다나 | 상당히 | 예를 들면 | 그동안 |
| 게다가 | 확실히 | ~와/과 같은 | ~이래로 |
| 또한 | 현저하게 | ~에 의하면 | 이전에 |
| 추가적으로 | 두드러지게 | 실례를 들면 | 이후에 |

  교사 한 사람으로서, 학교 전체의 교사 공동체로서, 우리는 이러한 학술 단어 목록과 베크의 3단계 어휘 모델과 휴리스틱(경험에서 나온 법칙)을 유의미한 수업 설계 도구로 사용할 수 있다. 노팅엄 대학 (Nottingham University)이 온라인으로 제공하는 '학술 단어 목록 형광펜'을 활용하면 이 목록의 학술 어휘가 학교에서 접하는 글에서 얼마나 자주 나타나는지 확인할 수 있다(http://bit.ly/2v3 yoyu 참조). 예를 들어 앞서 제시한 단락을 학술 단어 목록 형광펜으로 입력하면 에이브릴 콕스헤드의 단어 목록에 포함된 'individual', 'defining', 'benefits', 'identify' 단어들이 표시된다.

다음과 같은 질문이 필요하다.

• 각 주제별 핵심적인 **3단계 단어**는 무엇인가?

이보다 결정적인 질문은 다음과 같다.

• 학교의 모든 아이가 학술적 코드를 해독하는 데에 필요한 '단어 깊이' 수준
으로 **2단계와 3단계 단어**를 가르치는 방법은 무엇인가?

이와 같은 질문의 답을 찾다 보면, 교실 속 어휘 격차 해소에 대한
방안을 발견할 수 있을 것이다.

## ◑ 요약

- '일상 대화'와 '학문적 대화'의 명백하고 중요한 차이점을 학교 내에서 제대로 다루지 않는 경우가 많다. 아이들이 필요 시 이러한 '코드'를 해독하고 이해하며 전환할 수 있도록 명시적으로 지도해야 한다.

- 학술 언어의 특징은 대개 정보 밀집도가 높고 의미가 복잡하며 추상적인 단어라는 것이다.

- 베크와 그녀의 동료들은 학술 어휘를 선별하는 데 유용한 지름길을 제공해 주었다. 1단계 어휘(일상생활에서 자주 사용되는 단어들), 2단계 어휘(학교 교육과정에서 빈번하게 등장하는 중요한 학술 단어들), 3단계 어휘(교과 특수 어휘). 우리는 이러한 계층 분류를 이용해 학교에서 읽는 글을 분석하고 적절한 단어를 선택하여 가르칠 수 있다.

- 에이브릴 콕스헤드의 '학술 단어 목록'은 학교 교과서, 학문적 대화, 대학교에서 읽는 글에서 빈번하게 등장하는 단어를 제공하므로 유의미한 학습 도구가 될 것이다. 비록 모든 학생이 대학에 진학하지는 않겠지만, 학술 언어에는 지배층의 언어가 반영되어 있으므로 누구나 학술 언어를 사용할 수 있어야 한다.

# ● 주석

1. McKay, S. (26 August 2010). 'Telegraph crossword: Cracking hobby won the day – The boffins of Bletchley cut their teeth on the Telegraph crossword'. The Telegraph. 2017년 12월 14일 온라인으로 접속: www.telegraph.co.uk/lifestyle/wellbeing/7966268/Telegraph-crossword -Cracking-hobby-won-the-day.html.

2. Genesee, F., Lindholm-Leary, K., Saunders, W., & Christian, D. (2006). Educating English language learners: A synthesis of research evidence. Cambridge: Cambridge University Press.

3. Saunders, M., Goldenberg, C., & Marcelletti, D. (2013). 'English language development: Guidelines for instruction'. American Educator, Summer 2013.

4. Jackson, P. (30 March 2011). '100 words of English: How far can it get you?' BBC News website. 2016년 6월 6일 온라인으로 접속: www.bbc.co.uk/news/magazine-12894638.

5. This example was adapted from Hickey, P. J., & Lewis, T. (2015). 'To win the game, know the rules and legitimise the players: Disciplinary literacy and multilingual learners'. The Language and Literacy Spectrum, 25: 18–28.

6. Britton, J. (1970). Language and learning. Coral Gables, FL: University of Miami Press, p. 164.

7. Cunningham, A. E., & Stanovich, K. E. (1998). 'What reading does for the mind'. American Educator, 22 (1–2): 8–15.

8. Orwell, G. (1949). 1984. London: Penguin Books.

9. Kafka, F. (Translation, 2007). Metamorphosis and other stories. London:

Penguin Books.

10. Nagy, W., & Townsend, D. (2012). 'Words as tools: Learning academic vocabulary as language acquisition'. Reading Research Quarterly, 47 (1): 91 –108. doi:10.1002/RRQ.011.

11. 위의 책, 94쪽.

12. 이 발췌본은 영국 도서관 웹사이트(2014년 7월 28일 발행)에서 검색한 '마그나 카 르타' 영어 번역본의 일부를 영어로 번역한 것이다. 2017년 8월 9일 온라인 접속: www.bl.uk/magna-carta/articles/magna-carta-english-translation.

13. Priestley, J. B. (Reprinted in 2000). An inspector calls and other plays. Penguin London.

# 어휘력과 '학문 문해력'의 개발

언어를 두고 인류 최고의 도구가 아니라고 말할 교사가 있을까? 우리가 말하는 '지식'은 **곧** 언어이므로 어떤 교과를 이해하기 위해서는 먼저 교과의 언어를 이해해야 한다.

하지만 교과의 언어는 생각보다 복잡하다. 영어 어휘는 단어, 단어, 단어(word, word, word)라는 사실을 알지만, 과학, 지리, 수학 교과는 시각 기호, 그래프, 도표, 흐름도를 망라하는 '언어'를 사용하기 때문이다. 교과 지도에서 교과 특수 어휘 및 의사소통 특성을 간과하는 위험은 교과 담당 교사가 교과 어휘를 지도해야 한다고 여기는 수많은 교사를 소외시킬 가능성을 내포하고 있다.

실제 학교에서는 교육과정 시수는 항상 부족하고 교육과정의 모든 단계마다 새로운 자격 기준과 평가를 받는 현실에 놓여 있다. 이러한 상황에서 어휘 교육의 비중을 늘려야 한다는 논리는 대부분의 교사에게 비현실적이고 무모한 주장처럼 보인다. 어휘와 교과 언어에 중점을 두는 지도 방식의 문제점 중 하나는 '교육과정 전반의 문해력'과 한 덩어리로 다루어진다는 것이다. 특히 중등학교에서 '교육과정 전반의 문해력' 지도의 필요성에 대한 주장은 교사들의 탄식을 끌어낸다. '이게 과학, 음악, 미술, 수학 교과목이랑 무슨 상관인가'라는 불평이 들려오기도 한다. 상당수의 교사는 이러한 시도 자체가 귀중한 수업 시간을 낭비하는 일이라고 지적한다.

도움을 청할 곳이 없는 문해력 코디네이터는 현대의 시시포스(Sisyphus)가 된 듯하다. 그들은 연례 의식처럼 온 힘을 다해 학생의 문해력을 끌어올린다. 달성해야 할 문해력 목표와 복잡한 지도 계획을 세우고 실행하느라 항상 분주하다. 또한 학생의 문해력 수준을 조사하고 스프레드시트에 데이터를 구축한다. '문해력' 문제는 정말로 지도자 한 명의 의지를 넘어서는 거대한 바위와 같다. 이러한 상황 속에서 교사의 지식과 자신감이 하락하고 있다는 문제도 있지만, '교육과정 전반의 문해력'이 교과 지도와는 별개의 영역이라는 교사들의 확고한 신념도 문제가 아닐 수 없다.

제프 바톤(Geoff Barton)은 그의 훌륭한 저서 『그것을 문해력이라고 부르지 마라!(Don't call it literacy!)』에서 교육과정 전반의 문해력을 위한 교사의 시도에 대해 핵심적인 지적을 했다. 그는 '문해력'을 학교의 학술 언어와 교육과정을 전달하는 수단이라고 정의하였다. 그런데 우리는 문해력 교육을 수업일수의 자투리 시간이나 여름 방학 마지막 주간에 무기력하게 마지못해 하는 외부적인 활동으로 잘못 인식하고 있다.

우리가 보는 '문해력'에 대한 시각은 영어, 역사, 현대 외국어와 같은 교과목 차원의 협의의 관점으로 간주하는 것이다. 역설적으로, 아이들은 영문학 교과 못지않게 과학 교과에서 새롭고 낯선 어휘에 노출될 가능성이 높다. 이 지점에서 영문학 교과와 과학 교과를 비교해 보면 도움이 될 것이다.

> 일례로 누군가가 해리포터 책 한 쪽에 있는 한 단어 또는 한 문장 전체를 이해하지 못하더라도 그 책의 내용을 이해하는 데에 큰 어려움은 없을 것이다. 그러나 화학 교과서나 시험 문제지의 한 지문 속 몇 개의 단어, 아니 단 하나의 단어라도 이해하지 못한다면 지문 내용을 제대로 이해하지 못하거나 전혀 다른 의미로 해석할 수 있다.
>
> ― 「화학 교수·학습에서 언어의 역할」,
> 피터 차일즈 외(Peter Childs et al.), 2쪽[1]

교과마다 아이들이 배워야 할 고유의 언어가 있음을 알게 되면 학교의 학술적 코드가 아이들에게 얼마나 중요한지 강조할 수밖에 없다. 이러한 시각은 교사가 제한적 어휘 수준을 지닌 아동(제2외국어 학습자를 포함하여)의 어휘 공백을 줄여줄 수는 있다. 그렇지만 교사가 교과의 학술적 어휘와 의사소통 모두에 집중하면 모든 아이가 어휘지도의 효과를 볼 수 있다.

간단히 말해, 학교생활 전반에 걸쳐 문해력 문제는 거대하고 버거운 문제이므로 교사가 감당할 수 있고 유의미한 결과를 낼 수 있는 범위로 좁혀야 한다. 그 정답은 단어에 집중하는 것이다!

## ◖ 학문 문해력은 무엇이며, 모든 교사에게 왜 중요한가?

어휘력, 더 넓게는 문해력을 모든 교실에서 통용되는 범교과 학습 도구로 보는 전통적인 관점을 전환해야 한다. 대신에 개별 교과 어휘는 미묘하게 다른 의미를 지니고 있으며, 역사가로서, 과학자로서, 수학자로서 생각하고, 말하고, 읽고 쓰는 방식에는 몇 가지 중요한 차이가 있다는 점을 인식해야 한다. 어휘력과 문해력에 대한 이와 같은 관점을 '**학문 문해력(disciplinary literacy)**'이라 한다.[2]

문해력에 대한 전통적인 관점에서는 '**내용 문해력(content literacy)**'이라고 명명한다. 이러한 관점에 따르면 아이들이 학교와 그 밖의 삶에서 효과적으로 잘 말하고 읽고 쓰는 방법에 대해 보다 잘 배우고 이해하도록 돕는 유익하고 유용한 전략을 실제로 제공한다. 나는 무작정 목욕물 밖으로 꺼내놓자는 방식을 제안하는 것이 아니다. 교과목에서 사용하는 고유한 읽기 전략을 가르치자는 것이다. **독해 전략(Reading comprehension strategies)**의 효과는 이미 증명되었으며 성공적인 독해를 위한 틀을 제공한다. 독해 전략은 다음과 같다.

- **예측하기:** 글을 읽으면서 이어질 내용을 예측한다. 글에 주의를 기울이도록 함으로써 자신이 글을 제대로 이해하고 있는지를 면밀하게 점검할 수 있다.

- **질문하기:** 자신이 글을 제대로 이해하고 있는지 확인하기 위해 글에 관한 질문을 스스로 생성한다.

- **명료화하기:** 개별 단어나 구문의 명료하지 않은 의미를 명확하게 알기 위해 정보를 찾는다.

- **요약하기:** 글의 내용을 간추린다. 중심 내용을 파악하는 데에 집중하게 하고, 글에 대한 이해 점검을 돕는다. 핵심어 간의 관계를 시각화하는 도해 조직자를 활용할 수 있다.

- **추론하기:** 문맥을 바탕으로 문장의 의미를, 철자 패턴에서 단어 의미를 추론한다.

- **사전 지식 활성화:** 독서와 같은 간접 경험이나 직접 경험으로부터 어떤 주제에 대해 이미 알고 있는 지식을 떠올려서 글과의 연결고리를 만들어 본다. 이 전략은 추론하고 정교화하고, 생략되거나 불완전한 정보를 채우고, 글의 내용을 기억하기 위해 기존의 정신 구조를 사용하도록 돕는다.


## ◑ 교육기금재단의 주요교육단계 2(Key Stage 2)의 문해력 향상[3]

전통적인 '내용 문해력' 관점에서 언어를 다루는 일반적인 접근 방식은 유용한 증거에 기반하고 있지만 교사의 숙련된 실행력이 필요하다. 아이들은 여러 다양한 문제를 해결해야 하므로 자신만의 독서 전략을 개발하는 것이 좋다. 아이들은 모든 교과목에서 글을 읽는다. 예를 들어 예측하기는 능숙한 독자가 소설을 읽을 때 사용하는 전략이기도 하지만, 과학자가 가설을 세우거나 과학 실험을 진행할 때 사용하는 전략이기도 하다. 물론 두 분야의 예측하기는 미묘한 차이가 있지만, 아이들의 읽기 능력 발달에 도움이 된다.

역사학자가 되고자 하는 학생은 글에 대하여 신뢰할 만한 사료인지 평가하고, 유사한 사료에 대해서는 증거와 관점을 확인하기 위한 구체적인 목적으로 **질문**을 던질 것이다. 그 다음에는 연대순으로 여러 사료를 읽고 **개괄할** 것이다. 이와 같은 읽기를 '역사학자처럼 읽기'라고 명명하고자 한다.[4] 이는 '학문 문해력'과 관련되어 있으며, 지금까지 학교에서 수행된 수많은 문해력 교육의 관행을 교과 차원에서 확장한 것이다.

어휘 개발 접근법은 교육과정 전반에서 공통으로 다루어질 수 있다. 모든 교과목에 적용 가능하며 '단어 의식'에 중점을 둔 유의미한 접근법이다. 우리는 '학술 단어 목록(Academic Word List)'의 단어가 교과 경계를 초월하여 보다 일반적인 '학문적 코드'를 형성할 수 있다는 사실을 알고 있다.

어휘 학습을 심층적으로 탐구하면 각 교과목에서 강조하는 여러 목적을 가진 다양한 단어 집단을 파악할 수 있으며 이는 학업 성취에 결정적인 역할을 한다.

이 책에서는 그림 5.1과 같이 학술적 글 읽기에 적용할 수 있는 학문 문해력 모델을 고안하였다.

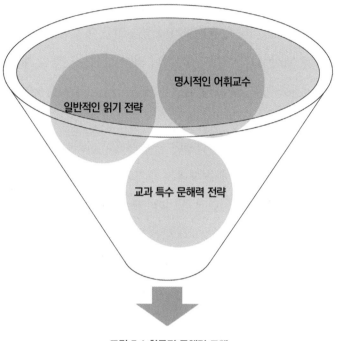

그림 5.1 학문적 문해력 모델

지금부터 어휘를 '학문적 문해력'의 관점에서 살펴보기로 한다. 이 책에서는 여러 교과 학문에 따른 사고하기, 말하기, 읽기, 쓰기를 다양하고 효과적으로 가르칠 수 있는 어휘 교수 전략들을 제시하였다.

## ◖◗ 음악

음악 교과는 현대 음악에서 유래하므로 학문의 패권을 쥔 이탈리아의 단어들이 많다. 그 예로 '아리아(aria)', '가성(falsetto)', '소프라노

(soprano)', '빠르기(tempo)', '알레그로(allegro)', '크레셴도 (crescendo)', '디미누엔도(diminuendo)', '스타카토(staccato)', '비브라토(vibrato)'가 있다. 이와 같은 이탈리아 단어들은 단어, 어근, 그리고 공통 단어 요소 사이의 관계를 익히기 쉽다. 그렇지만 무엇보다 음악가처럼 생각할 수 있으려면 음악 전문 용어를 소리의 풍경 (soundscape)으로 재빨리 번역해야 한다. 언어와 소리 간의 의미를 주고받으면서 형성되는 신속한 상호작용은 음악 분야만의 고유한 특성 이다.

동료 음악 교사인 팀 버니지(Tim Burnage)는 보통 **'보여줘, 보여줘 (show me, show me)'** 게임으로 수업을 시작했다고 한다. 그는 아이 들에게 음악 용어를 제시한 뒤, 그 용어를 오랫동안 기억할 수 있도록 해당 단어의 의미와 관련된 신체적 또는 구술적 단서를 제공하면서 소 리를 들려주었다.

DR SMITH[셈여림(Dynamics), 리듬(Rhythm), 형식(Structure), 선율(Melody), 악기(Instrumentation), 짜임새(Texture), 화성 (Harmony)]처럼 일반적인 단어 암기 전략인 **두문자어(Acronyms)**는 음 악에서 소리의 풍경을 설명하는 수많은 전문 용어를 분류하는 데 널리 사용된다. 음악 용어는 두문자어 형성에 적합한 특성을 갖고 있기 때문 에 음악 교과에서는 음악 어휘를 범주화하고 분류하여 제시한다. 'Dynamics'의 'D'를 보면 음악 용어를 연속선상에서 이해할 수 있다.

- **포르티시모(Fortissimo):** 매우 세게

- **포르테(Forte):** 세게
- **메조 포르테(Mezzo forte):** 조금 세게
- **메조 피아노(Mezzo piano):** 조금 여리게
- **피아노(Piano):** 여리게
- **피아니시모(Pianissimo):** 아주 여리게

이상의 단어들은 단어 간의 관계를 구두로 설명하면서 셈여림에 따라 책상을 두드리는 것과 같은 간단한 방식으로 이해를 도울 수 있다. 아이가 익숙하지 않은 음악에 대해 글로 써야 할 때(주로 GCSE 평가 과제에서) 이러한 음악 용어를 자동으로 이해하고 사용할 수 있어야 음악을 들으며 글쓰기를 할 수 있다.

물론 음악의 표현법은 아이들이 사용하고 이해해야 하는 또 하나의 '언어'이므로 음악에 대한 소통을 조금 더 복잡하게 만든다. 그러므로 아이들이 음악적으로 소통하고 학교의 학문적 세계를 탐색하려면 '코드 전환'이라는 행위가 반드시 필요하다.

## ◑ 역사

아이들이 역사학에서 배워야 할 중요 어휘는 대체로 국경과 범주를 초월한 것들이다. 그러나 역사에는 보다 중요하고 더욱 가치 있는 단어 범주가 있다. 역사를 이해하는 데에는 시간과 변모의 개념이 매우 중요 므로 이와 관련된 단어는 명시적으로 지도해야 한다. 역사 교과에서 '고

대(ancient)', '중세(mediaeval)', '근대(modern)', '시대(period)', '재위(reign)', 'AD(Anno Domini)', '연대기(chronology)', '과도기의(transitional)', '신기원(epoch)', '정보화 사회(post-industrial)', '역법(calendar)'과 같은 단어는 반복적으로 사용되므로 역사가처럼 사고하고 말하고 쓰려면 '단어 깊이'는 필수적이다.

역사 글을 읽는 아이들은 원사료를 개괄하거나 출처를 비교하거나 역사적 사건의 원인을 찾아야 한다. 이러한 목적을 달성하려면 '역사학자처럼 읽기'를 할 수 있어야 하므로 역사학자의 렌즈로 어휘를 보는 것이 중요하다. 아이가 역사가처럼 글을 쓰려면, 1차 또는 2차 사료에 대한 자신의 해석을 전달할 단어를 선택해야 한다. '제안하다(suggests)', '암시하다(implies)', '추론하다(infers)'와 같은 2단계 단어가 그 예이다. 아이들은 역사 교과서의 피비린내 나는 이야기를 자신만의 관점으로 비판적인 읽기를 할 수 있어야 한다. 특히 아이들은 역사적인 글에 관해 이야기하거나 분석할 때 극적인 스토리텔링에 빠지지 않으려면 명사화 표현과 자주 등장하는 수동태 표현을 가려낼 수 있어야 하는데, 이를 위해서는 학문적 코드를 이해해야 한다.

역사를 이해하려면 방대한 배경지식이 필요하다. 역사적 시기의 '전체상'은 '르네상스(renaissance)'나 '중세(mediaeval)'와 같은 단수의 단어로 압축된다. 그 시대의 이름을 안다고 해서 아이들이 방대한 역사적 지식을 알고 이해한다는 의미는 아니지만, 명칭을 알지 못하면 그 이상의 학습으로 이어질 수 없다. 우리는 개별 단어에 주의를 기울이고 교과 학습과 글 이해에 필요한 '정신적 연결 고리(Mental

Velcro)'를 제공해야 한다. 물론 한 단어가 지닌 천 년의 가치를 밝히는 것은 역사가의 몫이다. 어원학은 부수적인 학습이 아닌 역사 학습의 강력한 도구가 될 수 있다.

## ● 영문학

'단어(Words, words, words)'는 영문학을 구성한다. 신기하게도 우리는 영어를 상당한 시간을 할애하여 가르치지만 단어의 역사, 단어 요소의 합성, 단어의 분류, 단어의 자질, 관용구 등을 깊이 있게 다루지는 않는다.

기술적인 관점에서 보면 영문학 작가들은 어떤 범주나 분류에도 속하지 않는 지나치게 특이하고 개성 있는 단어를 사용한다. 그럼에도 불구하고 우리는 영문학의 단어 패턴을 인식할 수 있다. 예를 들면 작가들은 서사문에서 주로 등장인물의 행동과 감정 상태를 묘사하기 위해 형용사를 사용한다. 영문학을 공부하는 학생이 서사문을 비평하는 글을 쓰면서 '대담한(courageous)', '놀랄만한(colossal)', '호기로운(audacious)'이라는 단어 중 하나를 선택함으로써 등장인물의 성격, 행동, 주제에 대한 이해의 층위를 달리 드러낼 수 있다. 그러므로 동의어는 영문학에서 교육할만한 가치가 있으며 아이들의 쓰기 능력 신장에 필요한 교육 내용이다(정확하고 특수한 정의가 중요한 수학이나 과학 교과와는 대조적이다). 정교한 의미를 지니는 단어, 특히 형용사를 어떻게 사용하느냐는 최고의 작가와 가장 세련된 독자를 구분하는 주요 요소 중 하나이다.

학생들이 분석적 글쓰기를 할 때에는 자신의 감상을 정교하게 작성해야 한다. 따라서 문학 및 언어학의 정교한 문학 용어를 사용하는 데에도 익숙해져야 한다. 이러한 용어에는 '은유(metaphor)', '접속사 생략(asyndeton)', '제유법(synecdoche)' 등과 같은 그리스어 단어로 된 수사적 장치가 포함된다. 이러한 문학 용어를 정확하게 알고 있으면 글을 쓰는 데에도 도움이 된다. 그러나 이러한 전문 용어를 지나치게 중시하면 본래 목적에서 벗어나게 될 수 있다. 이렇게 되면 아이들은 멋들어진 문학 용어를 배우느라 고생하지만, 작가가 의도한 효과를 제대로 이해하지 못하는 것이다.

아이들의 어휘 목록은 정보를 담은 비문학 글뿐만 아니라 위대한 문학 작품들을 이해하는 데에도 중요하다. 주요교육단계 2(Key Stage 2)의 독서 평가는 주로 **추론하기**, 즉 작가가 선택한 단어의 의미 층위를 탐색하기에 중점을 두고 있으며, 이는 GCSE 이후에도 지속된다. 이로 미루어 볼 때 어휘 교육에서 '단어 깊이'가 결정적인 요소임이 증명되었다고 볼 수 있다. 글쓰기에서 어휘의 폭과 깊이는 모두 똑같이 중요하다. 즉, 뛰어난 작가는 대중적이면서도 좋은 글에 대한 방대한 '정신 모델'을 활용하여 단어를 신중하게 선택하고 배치한다.

# ● 수학

수학 교과의 언어는 문학 분석이나 역사적 글의 언어와는 전혀 다르다. 수학에서 사용하는 특수 언어에는 단어, 기호, 그림, 그래프가 포함되어 있다는 점에서 명백한 차이가 있다.[5]

보통의 수학 교사라면 '교육과정 전반의 문해력'에 많은 시간을 할애하는 것이 수학 학습과는 거리가 멀다고 비판할 것이다. 그렇지만 대다수의 수학 교사들은 '장황한' 수학 문제와 명확한 논리를 풀 수 있으려면 수학 어휘와 의미 모두를 정확하게 파악해야 한다는 점을 너무나 잘 알고 있다. 아이들은 자신만의 코드 전환 방식으로 '피자 조각'으로 나타낸 수학 문제를 예각 문제(acute angles)로 변환하여 풀어야 한다.[6] 아이들이 복잡한 수학 용어를 자동으로 이해할 수 있으면 편하게 수학적 추론에 몰입할 수 있다.

'mono-', 'di-', 'tri-' 등과 같은 숫자의 그리스 어근에 대한 지도 계획을 구상하는 일은 교육적인 면에서 분명 가치가 있다. 일상 대화에서 더 광범위하게 사용되는 수학적 어휘에 대한 일반적인 오해를 사전에 방지하는 것도 필요하다. '반사(reflection)', '값(value)', '절댓값(absolute value)' 등의 단어는 수학적인 의미로 정확하게 정의되고 이해되어야 한다. '차(difference)', '소수(prime)', '곱(product)' 등 자신이 알고 있다고 생각했던 평범한 단어에 낯선 수학적 의미가 있다는 사실을 깨닫는 순간 수학적 기술과 이해에 대한 자신감을 금세 잃어버릴 수 있다.

아이들의 사고력 신장과 정확한 수학적 이해를 위해 '수학적으로 말하기(speaking mathematically)'의 중요성을 간과해서는 안 된다. 이러한 맥락에서 수학을 '제2언어(second language)'[7]로 보는 관점은 도움이 된다. 수학 교과의 언어가 단순하게 시간이 지날수록 아이들에게 '자연스럽게' 흡수된다는 가정을 버려야 한다. 이러한 사고방식이 일상생활에서 수학이 필요하지 않거나 수학적 정리가 무의미하다는 신념을 강화한다. 그 대신 우리가 아이들에게 수학의 '제2언어'를 더 친숙하게 느끼고 잘 이해하도록 지도하면, 아이들은 까다로운 수학의 코드를 깰 수 있을 것이다.

## ◖ 과학

수학과 마찬가지로 과학 교과도 정통 서양 학문에 뿌리를 두고 있으므로 그리스어와 라틴어 어근이 들어 있는 단어가 많다. 과학 교과에서의 단어, 기호, 그림, 그래프 등은 상당수의 학생이 이해하기 힘든 전문 코드로 결합된다. 과학 용어인 '에너지(energy)'의 개념을 이야기해보자.

에너지는 때로는 줄(joule)의 단위인 기호 E가 될 수 있고, 그래프상의 에너지 준위 또는 힘이 이동하여 발생한 운동량을 계산하는 수학 방정식이 될 수 있다. 이렇게 같은 개념을 다양하게 표현할 수 있다. …… 이러한 복잡성을 고려할 때, 과학을 설명하는 행위가 까다롭다는 것은 당연한 사실이 아닐까?

- 「과학 어휘 교육을 위한 효과적인 전략」,

사라 J. 캐리어(Sarah J. Carrier).[8]

과학에서 3단계 어휘와 함께 2단계 어휘를 다양하게 사용하고 있음을 보여주는 단어들이 있다.[9] '계정(account)', '달성(achieve)', '지표(characteristic)', '성분(component)', '보존(conserve)', '표기(denote)', '유도(derive)', '압력(exert)', '해석(interpret)', '무작위(random)', '상대(relative)', '방출(release)', '균등(uniform)', '편차(variation)'와 같은 단어는 모두 과학을 이해하는 데 장벽이 된다.[10] 아이들에게는 중요한 과학 용어에 접근하는 일조차 엄연히 도전임에도 불구하고 과학 수업에서 명시적 어휘 지도는 거의 이루어지지 않는다.[11]

과학과 교수·학습에서는 물리학, 화학, 생물학의 다양한 분야를 망라한 어휘 범주를 접하게 된다. 각 분야 및 모든 분야에는 그래프, 기호, 흐름도, 수학 방정식과 겹치는 3단계 및 2단계 어휘 범주가 있다. 이러한 복잡성을 고려할 때, '단어 깊이'와 '단어 의식'에 대한 중점적인 지도는 과학 수업에서 매우 중요하다. 과학 수업에서는 항상 일상 대화가 학교의 학문적 코드로 변환된다. '박테리아가 둘로 나뉘다'라는 말은 '2분열(binary fission)'이라는 단어로 변환된다. 과학 수업에서 어휘 격차를 줄이려면 과학의 언어는 지속적인 중재와 번역 과정이 필요하다.

영국의 교육기금재단과 옥스퍼드 대학교에서는 다양한 연구[12]를 통해 소외된 배경을 지닌 아이일수록 16세 이후(의무교육이 끝난 이후) 과학 학습을 지속하지 않는다는 결과를 발표하였다. 물론 이러한 데에는 여러 가지 복잡한 이유가 있겠지만, 독해력과 과학 교과의 학업 성취도는 불가분의 관계가 있기 때문일 것이다. 복잡한 과학 어휘를 읽고, 인지하고, 이해하도록 지도하면 수많은 아이들의 과학 학습 동기가 신장되고 어휘 격차를 해소하는 데 도움이 될 수 있다.

## ◖ 현대 외국어

어휘 지식은 현대 외국어를 배우는 데에 강력하고 중요한 역할을 한다. 과학 교실에서의 번역 행위는 암묵적이 아닌, 명백하고 지배적인 학습법이다. 대부분 사람은 외국에서 대화를 시도했지만 핵심 단어를 입 밖으로 내뱉지 못해서 좌절해 본 경험이 있을 것이다. 프랑스어나 독일어 문법에 대한 지식이 부족하면 의사소통에 약간의 어려움이 있겠지만 단어를 모르면 의사소통을 전혀 할 수 없다.

새로운 언어 학습의 가치에 있어서 영어 교육 체계에 대한 숱한 논쟁이 있었다. GCSE를 치르는 영국 학생 중 외국어를 선택하는 학생이 절반도 되지 않는데,[13] 이들을 위한 외국어 교육은 '허술한 상태'에 놓여 있다고 묘사된다. 아이들에게 외국어 학습을 장려하는 것도 좋지만 영어 지식을 확장하고 심화하는 교육이 반드시 필요하다. 또한 아이들이 제2언어를 배우기 위해서는 모국어에 대한 정확하고 깊은 지식이 필요하다는 점에 대해서는 의심의 여지가 없다. 그렇다면 어휘 격차의 해소는 공교육 체제 하의 외국어 교육의 현실인 '허술한 상태'를 견고하게 만드는 데 큰 도움이 될 수 있을 것이다.

여기서, 내가 외국어 교사에게 어휘 학습을 강조한다면, 이는 공자 앞에서 문자 쓰는 격이나 다름없다. 어휘와 학습은 외국어 교사에게 일상이다. 그들은 언어마다 학문적 차이가 있음을 이미 잘 알고 있다. 스페인어의 경우 프랑스어보다 간단한 문법 체계를 가지고 있으며 글자와 소리가 일관되게 일치하는 '표층 철자 체계'에 속한다. 이러한 언어 차이를 고려할 때, 다시금 '학문 문해력'의 특성을 탐구하는 것은 유의미하다.

모든 제2언어의 학습은 폭넓고 깊이 있는 영어 어휘 지식에서 출발한다. 영어 어휘의 폭과 깊이가 중요한 이유 중 하나는 아이들이 낯선 외국어 단어를 쉽게 인식하려면 수많은 **동족어(cognates)**의 도움이 필요하기 때문이다. 영어의 'gratitude(감사)'가 스페인어의 'gratitudo(감사)'와 동족어이듯, 동족어는 같은 계통에 있는 단어쌍이다. 현대 외국어 교사들은 아이를 혼란스럽게 하는 '거짓 동족어'가 있음을 잘 알지만, 일반적으로 외국어와 모국어의 동족어를 잘 알면 제2언어 학습에 매우 유익하다. 예를 들어 영어에서 'ancient'는 일반적으로 무언가 또는 누군가가 매우 오래되었음을 나타내는 데에 사용되지만, 프랑스어에서 'ancien'라는 단어는 일반적으로 '퇴직한'이라는 의미를 지닌다. '전직 선수' 단어에서의 '전직'이라는 의미를 나타낸다. 이러한 '동족어'는 별도의 교육이 필요하며, 이는 현대 외국어의 '학문적 문해력' 교육의 일부로 인정받고 있다.

대체로 어휘 지도는 단어 목록 및 단어장에서 어휘를 선정하는 것부터 시작한다. 새로운 언어를 배우는 아이는 짧은 시간 내에 방대한 양의 단어와 그 의미를 이해해야 한다. 그러나 명사구를 외우는 데에는 분명 한계가 있다. 특히 스포츠와 같은 일부 주제의 단어 목록에는 특정 분야에서만 사용되고 다른 분야에서는 전이성이 낮은 전문 용어가 다수 포함되어 있다. 이처럼 주제별 단어장이나 단어 목록에는 다양한 동사 형태나 미묘하게 다른 의미로 쓰는 단어들과 같은 필수적인 문법 지식이 부족할 수 있다. 실용적인 목적으로 현대 외국어 단어 목록을 공부하는 학습자는 회화에 필수적인 강약, 리듬, 억양과 같은 발음의 뉘앙스를 놓칠 수 있다. 단어로 의사소통하려면 단어 목록이 힘을 발휘하도록 제2언어로 말하고, 듣고, 읽고, 쓰는 데 반복적으로 노출되어야 한다.

제2언어로 유창하게 말하려면 최대 7천 개의 단어가 필요하며 아이들이 학교에서 접하는 프랑스어 또는 스페인어 읽기 자료에는 약 8~9천 개의 외국어 단어가 포함되어 있다.[14] 제2언어 학습에 있어서 '단어 깊이'는 중요하다. 어휘 학습에 초점을 두고 적절한 단어를 선택하여 가르치면 효과적이고 실용적인 어휘 학습이 이루어질 수 있다. 풍부한 대화와 도전적인 독서에 아이들이 반복적으로 노출되면 '단어 깊이'가 더해지므로 아이들이 단어를 더욱 정교하게 이해할 수 있게 된다.

교과를 통한 어휘 개발에 대해 더 많은 이야기를 할 수도 있겠지만

이 책의 분량과 나의 좁은 식견으로 그 이상은 이야기하기 어렵다. 교과 담당 교사는 교과 학문적 관점에서 어휘 학습과 어휘 교수법에 대한 고민을 늘 해야 한다. 어휘력은 백지 상태에서 형성되지 않는다. 어휘력은 지리학자, 언어학자 또는 작가로서 더욱 효과적인 의사소통을 하기 위한 수단이다. 모든 교사에게 '학문적 문해력'과 어휘력에 대한 우리의 이해를 심화시킬 수 있는 중요하고 유용한 질문을 다음과 같이 던지고 싶다.

- X 과목의 필수 어휘는 무엇인가?

- 다른 교과목과 X 과목의 의사소통 방식의 공통점과 차이점은 무엇인가?

- 다른 교과목과 X 과목의 전문 단어 사이에, 또는 일상에서 자주 사용되는 단어(과학에서 '에너지'와 같은 단어들) 사이에 흔히 오해하고 혼동하는 단어가 있는가?

- 아이들이 (역사학자, 컴퓨터 과학자, 수학자 등이 되기 위해 교과목에서 요구하는 지식을) **말하고 읽고 쓰기** 위해 알아야 할 것, 이해해야 할 것, 경험할 것은 무엇인가?

특히 중등학교에서 고학년 학생을 지도하는 교사는 교과 지식과 이해의 시각으로 어휘 발달을 관찰해야 한다. 이 단계의 학술 언어는 아이들의 일상 대화보다 훨씬 더 전문적이고 복잡하기 때문이다. 그럼에도 불구하고 어휘 발달에 대한 관찰 지도는 전체 교육과정에서 아동 어휘 발달을 신장할 수 있는 유용한 지도 활동이다.

초등학교와 달리 대다수 중등학교는 교과별로 조직되어 있다는 사실을 유념해야 한다. 지금까지도 교육 당국 차원에서 이루어지는 연수에서는 문해력 및 어휘력에 대한 전통적인 관점이 지배적이다. 물론 어휘 지도는 대체로 보편적인 내용부터 시작해야만 실용적이고 타당할 수 있겠으나, 이와 별도로 교과 영역과 정해진 교육과정 단계에 맞게 문해력과 어휘를 중점적으로 지도할 필요가 있다. 초등학교와 중등학교에서는 먼저 어휘 학습에 대한 일반적인 어휘 지도법을 실천하되, 학교급이 높아질수록 보다 전문적인 어휘 지도법으로 전환해야 한다.

## ◑ 요약

- '내용 문해력'이라고도 불리는 문해력에 대한 전통적인 접근 방식은 '학문 문해력'의 관점에서 교과별 의사소통에 초점을 두고 이해해야 한다. 어휘 학습에 대한 일반적인 접근방식은 '학문 문해력'을 통해 보완할 수 있으며, 보완해야만 한다.

- 문해력에 대한 전통적인 관방식은 전략적인 읽기 방법과 교과 공통 언어를 배울 수 있다. 그렇지만 특정 교과 내에서만 달리 사용되는 언어도 동시에 배워야 한다.

- 다양한 교과목에서 여러 가지 학술적 코드를 찾을 수 있다. 예를 들어 과학과 수학 등의 과목에서는 단어, 기호, 그래프, 도표를 아우르지만, 역사, 영어, 현대 외국어 등의 과목에서는 '전통적인' 학술 어휘를 사용한다.

- 단어와 개념을 더 잘 이해하기 위한 형태론 연구와 같은 어휘 학습 전략은 과학처럼 그리스어 및 라틴어 어근이 높은 비중을 차지하는 과목에서 교육적 효과가 높다. 이에 반해 영문학 교과의 경우, 동의어와 반의어에 집중하는 것이 더 효과적일 수 있다.

- 모든 교과목은 교과 고유의 '언어'를 가지고 있으며, 초보 학생이 학업 성공을 거두려면 학문적 코드를 배워야 한다.

# ● 주석

1. Childs, P. E., Markic, S., & Ryan, M. C. (2015). 'The role of language in the teaching and learning of chemistry'. In J. García-Martínez & E. Serrano-Torregrosa (eds.), Chemistry education: Best practices, opportunities and trends (pp. 421-446). Weinheim: Wiley-VCH Verlag GmbH & Co. KGaA.

2. Shanahan, T., & Shanahan, C. (2008). 'Teaching disciplinary literacy to adolescents: Rethinking content-area literacy'. Harvard Educational Review, 78 (1): 40-59.

3. Education Endowment Foundation (2017). Improving literacy in key stage two: Guidance report. London: Education Endowment Foundation.

4. Reisman, A. (2012). 'Reading like a historian: A document-based history curriculum intervention in urban high schools'. Cognition and Instruction, 30 (1): 86-112.

5. O'Halloran, K. L. (2005) (Reprinted 2008). Mathematical discourse: Language, symbolism and visual images. New York, NY: Continuum.

6. Dunston, P. J., & Tyminski, A. M. (2013). 'What's the big deal about vocabulary?' NCTM, Mathematics Teaching in the Middle School, 19 (1) August.

7. Jones, B. R., Hopper, P. F., & Franz, D. P. (2008). 'Mathematics: A second language'. Mathematics Teacher, 102 (4): 307-312.

8. Carrier, S. J. (2011). 'Effective strategies for teaching science vocabulary'. Learn NC. 2016년 9월 10일 온라인 접속:

www.learnnc.org/lp/pages/7079?ref=searchwww.learnnc.org/lp/pages/7
079?ref=search.

9. Osborne, J., & Dillon, J. (2010). Good practice in science teaching: What
research has to say. New York, NY: Open University Press, p. 141.

10. Tao, P. K. (1994). 'Words that matter in science: A study of Hong Kong
students' comprehension of non-technical words in science'. Educational
Research Journal, 9 (1): 15–23.

11. Wexler, J., Mitchell, M. A., Clancy, E. E., & Silverman, R. D. (2016). 'An
investigation of literacy practices in high school science classrooms'.
Reading and Writing Quarterly, 33 (3): 258–277.

12. Education Endowment Foundation and the University of Oxford (2017).
'Review of SES and science learning in formal educational settings: A
report prepared for the EEF and the Royal Society'. London: Education
Endowment Foundation. 2017년 9월 27일 온라인 접속:
https://educationendowmentfoundation.org.uk/public/files/Review_of
_SES_and_Science_Learning_in_Formal_Educational_Settings.pdf.

13. Teaching School Council (2017). 'Modern foreign languages pedagogy
review: A review of modern foreign languages teaching practice in key
stage two and key stage three'. 2017년 8월 10일 온라인 접속:
www.tscouncil.org.uk/wp-content/uploads/2016/12/MFL-Pedagogy-Re
view-Report-2.pdf.

14. Schmitt, N., & Pellicer-Sánchez, A. (2010). 'Incidental vocabulary
acquisition from an authentic novel: Do things fall apart?' Reading in a
Foreign Language, 22 (1): 31–55.

# 맞춤법에 대한 이야기를
# 해야 한다

맞춤법을 절대로 틀리지 않도록 주의해야 한다.
단어를 쓰기 전에 항상 맞춤법을 고려하되, 맞춤법이 기억나지 않으면
사전을 찾아보길 바란다. 맞춤법을 잘 지키는 숙녀에게는
누구나 찬사를 보낼 것이다.
– 미국 대통령 토머스 제퍼슨(Thomas Jefferson,
재임 기간: 1801년~1809년). 딸에게 전하는 말.


맞춤법에 단 하나의 방법만 존재한다는 생각은 어리석은 믿음이다.
– 미국 대통령 앤드류 잭슨(Andrew Jackson,
재임 기간: 1829년~1837년).


어휘의 폭과 깊이는 가벼운 대화부터 전문적인 프레젠테이션 발표에 이르기까지 일상의 모든 대화에서 드러난다. 어휘 저장고의 규모는 간단한 문자 메시지부터 업무 이메일이나 졸업 논문에 이르기까지 우리가 쓰는 글에서도 드러난다. 맞춤법의 중요성과 가치에 대한 논쟁은 수 세기 동안 계속되어 왔으며 어떤 글을 쓰든 맞춤법을 정확하게 지키는 능력은 그 어느 때보다 중요해졌다.

맞춤법을 따르기로 한 사회적 합의는 수 세기 전부터 있었다. 19세기 초, 유명한 건국의 아버지이자 전직 미국 대통령인 토머스 제퍼슨

(Thomas Jefferson)이 그의 딸에게 맞춤법을 정확하게 지키는 습관에 대해 고상한 조언을 하였다. 그 내용을 살펴보면, 숙녀와 신사의 맞춤법 능력은 지성을 드러내는 척도이므로 맞춤법 지식은 칭송받을 만한 가치가 있다는 것이다. 불과 몇 년 후 또 다른 전직 대통령인 앤드류 잭슨(Andrew Jackson)은 맞춤법을 느슨하게 적용하는 태도를 보였다.

맞춤법에 대한 이러한 양극화된 태도는 양심적인 규칙 제정자만큼이나 많은 교묘한 규칙 파괴자들과 함께 우리 언어의 파란만장한 역사를 지나왔다. 맞춤법에 대한 논쟁은 계속되고 있지만, 우리는 일상에서 의도에 맞게 정확한 단어를 사용했는지, 단어에 오류는 없는지 의사 결정을 내려야 한다. 많은 학생이 이러한 사실을 암묵적으로 알고 있으므로 글을 쓸 때, 맞춤법이 헷갈리는 정교한 단어를 선택하기보다는 자신이 정확하게 쓸 수 있는 단어를 선택할 때가 많다.

그렇다면 맞춤법이 틀릴 경우 의사소통과 신뢰성에 문제가 생길 수 있을까? 미국 대통령인 도널드 트럼프의 신뢰성을 예로 들어보자. 그는 자신이 '최고의 단어들'을 알고 있다고 주장했지만, 소셜 미디어에서 보이는 맞춤법 오류로 인해 그의 신뢰성에 의문이 제기되고 있다. 그는 'counsel(변호사)' 대신 'councel'으로, 'tap(톡톡 두드리다)' 대신 'tapp'으로, '너무(too)' 대신 'to'로, 'attacker(공격자)'가 아닌 'attaker'로, 심지어 '교육(education)' 대신 'educatuon'으로 표기했다(솔직히 말하면, 이 외에도 그의 맞춤법 오류는 훨씬 많다). 물론 모두를 당황시켰던 정체 모를 단어인 'covfe'도 있다. 우리 학교 아이들을 괴롭히는 맞춤법의 흔한 실수를 보여주려는 선거 전략이 아니었다면 트럼프의 게시글로써 맞춤법 지식이 부족하고 영어에 대한 이해가 부족한 그의 실체가 만천하에 드러났다.

권력자의 맞춤법 능력이 부족한 사례는 주변에서 종종 볼 수 있지만, 토머스 제퍼슨이 동시대 사람들에게 강조했던 것처럼 지능과 맞춤법을 동일선상에 놓고 보는 시각은 대다수의 사람들을 심난하게 만든다. 우리는 자기 의사를 정확하게 전달할 수 있는 광범위한 어휘를 가진 사람에게 신뢰감을 느낀다. 맞춤법, 즉 오랫동안 전해져 온 철자 체계에 대한 이야기는 여러 면에서 매우 가치가 있다.

명문장가로 인정받는 제인 오스틴(Jane Austen)이나 윈스턴 처칠(Winston Churchill)이 맞춤법에 어려움을 겪었다는 일화는 유명하다. 훌륭한 연설가나 작가라고 해서 꼭 맞춤법을 완벽하게 지키지는 않는다. 당연하게도 우리가 넓고 깊은 어휘 지식을 가지고 있다면 맞춤법의 정확한 사용에 더 자신감이 생길 것이다. 단어 지식과 영어 철자 체계의 다양한 변형을 심층적으로 이해한다면 아이들은 자신감 있게 맞춤법을 정확히 사용할 줄 아는 사람으로 성장할 수 있는 필수적인 도구를 가진 것이나 다름없다.

백만 개가 넘는 단어들과 천 삼백 년에 걸쳐 일어난 맞춤법의 숱한 변화로 인해 맞춤법이 학생들에게 복잡한 도전이 되는 현실은 어쩌면 당연한 일일지도 모른다. 그러나 핵심은 더 나은 어휘 지식, 즉 '단어 깊이'를 바탕으로 강력하고 신뢰할 수 있는 맞춤법 전략을 제공하는 것이다. 국제 난독증 협회(International Dyslexia Association) 부회장인 루이사 모츠(Louisa Moats) 박사는 다음과 같이 말했다.

> 사실상 모든 단어의 철자는 언어의 기원, 의미 그리고(또는) 소리 구조에 의해 설명될 수 있다. 'of', 'aunt', 'does'와 같이 이상하고 진짜로 예측할 수 없는 철자들은 영어 단어의 극히 일부에 불과하다.
>
> —『철자 체계가 읽기에 어떻게 도움을 주는가』, 21쪽[1]

교사와 아이들이 맞춤법이 지닌 한계와 역사적인 '맞춤법 패턴'을 인식하는 것이 왜 중요한지를 알아야 한다. 맞춤법 목록, '글자 보기-글자 가리기-글자 쓰기-글자 확인하기' 지도법 그리고 '금요일 맞춤법 쪽지 시험(이러한 방법들은 교육적 효과가 제한적이며 잠재적으로는 악영향을 미칠 수도 있다)'[2]에 대부분의 교사가 의존하는 것은 언어 지도의 전문성 있는 훈련을 거의 받지 못했기 때문이다.

맞춤법은 항상 변화와 논쟁의 대상이 된다. 이 장에서는 지금까지 언어 변이의 일반적인 동인을 강조하는 데에 도움이 되는 미국인의 사례를 인용하였다. 주변에서 영국 영어과 미국 영어를 두고 일어나는 설전을 흔히 접할 수 있다. '책략'이라는 단어의 철자가 'manoeuvre'인가 아니면 'maneuver'인가와 같은 논쟁이 그 예이다. 미국에서 'o'를 생략하여 사용하는 양상은 철자를 단순화하는 흔한 방법이며, 이러한 사례들은 점차 증가하는 추세이다('o'는 '일하다'라는 뜻을 지닌 'operai'라는 라틴어에서 유래하였음). 맞춤법이 까다로울 정도로 단어 내에 모음이 많이 있다는 점을 고려한다면 이러한 작은 변화는 일어날 수밖에 없다. 누가 이 변화를 막을 수 있겠는가? 누가 '정확한' 맞춤법 사용을 요구할 수 있겠는가?

미국 어법과 다른 언어 변이에 대한 논쟁은 영어라는 언어에서는 전혀 새로운 일이 아니다. 16세기까지 'razor(면도칼)'와 같은 단어들은 처음에는 's'로 표기했지만, 나중에는 'z'가 일반화되었다. 놀랍게도, 라틴어에서 유래된 'rhubarb(대황)'라는 단어에서 'h'가 흔히 생략되는 것처럼 우리는 현재 독특한 철자 변화가 일어나는 중심에 서 있다. 이는 세계화된 기술이 어떻게 철자 패턴을 변화시키고 철자를 바꾸고 전형적으로 단순화시키는지 보여주는 좋은 예시이다.

이러한 변화가 세간의 관심을 끌고 있음에도 불구하고, 실제로 목격하는 일은 드물다. 우리는 아이들이 자신 있게 맞춤법 능력을 발휘할 수 있도록 신뢰할 만한 적립식 맞춤법 프로그램을 설계할 수 있다. 아이들이 우리 언어 역사에 대한 깊은 지식, 알파벳 코드에 대한 음운 지식, 형태론, 철자 패턴 유형에 대한 인식, 기억해야 할 독특한 맞춤법 사례 등 다양한 맞춤법 사용 전략을 갖추도록 지원할 필요가 있다.

간단하게 말하면, 당신이 더 많은 단어를 알고 단어에 대해 더 많이 알수록 아이들의 맞춤법 실력이 향상될 것이다.

## ● '암기하는 철자 학습'을 넘어 '이유 있는 철자 학습'을 지향하라

어디서나 활용할 수 있는 '금요일 맞춤법 쪽지 시험'은 맞춤법 교육에서 나름의 역할을 한다. **'시험 효과(testing effect)'**는 몇 가지 중요한 단어 철자를 기억하는 데 도움을 준다. 그러나 만약 아이들이 왜 일부 철자가 그대로 사용되는지 이해하지 못하고, 일반적인 패턴과 흔하지 않은 패턴을 인지하지 못한다면 글과 철자를 효과적으로 쓰는 데에 필요한 지식을 갖추지 못하게 된다. 맞춤법 시험과 같이 수많은 단어를 시각적으로 기억하는 방식은 비효율적인 전략이다.

나를 비롯해 많은 교사가 맞춤법 시험을 실시하면서도 시험을 통해 익힌 철자가 빨리 잊힌다는 사실을 안타까워했었다. '시험 이후의 복습'은 유의미한 학습이 되지 않으며 결국 교육적 효과가 미미하기에 수많은 교사가 낙담하게 된다. 그러나 나는 더 나은 방법이 있을 것이라고 희망한다.

철자를 잘 아는 사람도 지속적이고 명시적인 철자 교육(예를 들어 형태론과 어원론을 중점적으로 지도)을 통해 많은 철자 패턴의 이치를 깨달을 수 있다. 우리가 이미 알고 있듯이 라틴어는 영어에 지울 수 없는 흔적을 남겼고 오늘날 우리가 사용하는 대부분의 학문적 어휘에서 총애 받았다. 일부 철자들은 'torrid(몹시 힘든)'와 'pallid(창백한)'와 같은 단어처럼 그대로 라틴어의 원형을 보존했다. 조금만 파고들어가 보면 누구든 영어의 철자 패턴 유형과 관련된 독특한 어원적 역사를 관찰할 수 있다. 고대 노르웨이어와 네덜란드어 철자는 'skin(피부)'과 'skip(가볍게 뛰다)'에서 볼 수 있는 반면, 라틴어 어원은 'sceptic(회의론자)'과 'scornful(경멸하게 비웃는)'과 같이 'c'가 붙은 소리처럼 들리는 단어에 영향을 미친다.

분명한 사실은 단어의 의미와 어원이 소리보다 우선할 수 있다는 것이다. 따라서 아이들이 고학년이 되었을 때 '학습을 위한 읽기'에 필요한 학술 단어를 배우려는 시점에 '읽기 위한 학습(2장의 파닉스 지도법을 떠올려라)'에서 다루는 글자와 소리를 대응하는 방식을 지도한다면 난감할 것이다.

'subtle(미묘하다)'과 'debt(채무)'와 같은 단어에는 발음할 때 묵음인 듯한 'b'가 있다. 두 단어는 각각 라틴어 'debitum'과 'subtilis'에서 'b'가 유래했다. 라틴어의 영향은 '양보하다, 자리를 내주다, 권리나 재산을 포기하다' 뜻의 라틴어 'cedere'의 접미사 'cede'에서도 나타난다. 영어에는 'recede(퇴행)'와 'procede(진행)'처럼 명백한 패턴이 있는 경우도 있지만 'succeed(성공)'와 'proceed(진행)'처럼 혼란스러운 패턴도 함께 남아 있다. '심층 철자 체계'인 영어는 철자와 소리 사이의 상관성이 약하기 때문에 다른 언어에 비해 철자 학습이 훨씬 어려울 수밖에 없다.

영어의 역사에서 철자 변형이 일어나는 데는 특별한 이유도 있지만 순전히 엉뚱한 이유도 있다. 합의된 철자가 사전에 기록되기 전, 중세 시대의 서기관은 단순히 미관상의 이유로 단어의 길이를 맞추기 위해 단어에 철자를 추가하는 경우가 있었다. 따라서 'have(가지다)',

'give(주다)', 'live(살다)', 'groove(홈을 파다)', 'sneeze(재채기하다)', 'gone(갔다)', 'done(했다)'와 같은 단어에 'e'를 추가하는 것이 일반적인 해결책이었다. 'hav'와 'gon'과 같은 철자 실수는 철자 발달 단계 중 **'음성 단계(phonetic stage)'**[3]의 아동이라면 완벽하게 이해할 것이다. 단어를 소리 내어 읽는 것도 중요하지만, 철자 실수들은 철자법 학습을 어렵게 하는 원인이 된다.

불량 서기관은 거기서 멈추지 않고 영어의 철자 체계에 지대한 영향을 주었다. 그들은 멋진 필체로 글을 썼지만, 이는 오늘날까지 여전히 어린이와 어른을 괴롭히는 현대 맞춤법에 상당한 영향을 주었다. 'love(사랑하다)'라는 단어의 철자를 살펴보자. 이 단어는 왜 수많은 사람이 문자 메시지에서 사용하는 형태인 'luv'가 아닌가? 그 해답은 다시 역사 속에서 찾을 수 있다. 서기관은 'i', 'j', 'n', 'u', 'v', 'm', 'w'를 쓸 때 간단하게 아래쪽으로 획을 내려 그어(minims) 'I'와 같이 썼다. 철자 'luv'를 사용하면 -'IIIII'-처럼 혼란스럽고 뒤죽박죽 모양이 되지만, 'o'를 사용하면 'IoIIe와 같이' 시각적으로 명료해진다. 언어학적으로 조사해보면, 'carry(운반하다)'의 철자 변형이 왜 'carries/carried'가 되는지 carrie/carry의 철자 변형의 숨겨진 역사도 알 수 있다. 이와 비슷한 이유로 단어가 'i'로 끝나는 것과는 다른 패턴이 나타나며, 'y'가 지배적인 철자가 된다.

아이들이 실수로 'dying your hair(머리를 염색하다)'를 'dying (죽어가고 있다)'의 철자를 'dieing'으로 쓴다고 해서 크게 잘못된 것은 아니다. 오랫동안 유지되어 온 철자 패턴에 실수를 범하면서 무의식적으로 언어의 역사를 배우게 될 수 있다. 예를 들어 'iei'처럼 연속된 3개의 모음은 일반적으로 사용하지 않는 패턴이라는 사실을 알 수 있다. 철자의 역사적 추론에 대한 체계적인 지도와 약간의 지원을 해주면 아이들은 '단어 깊이'를 스스로 더욱 발전시키고 문화적 지식도 넓힐 수 있다.

철자는 단계별로 발달하는 것으로 알려져 있다.[4] **'음성 단계(phonetic stage)'**는 아이들이 초기에 습득하는 읽기와 명확하게 일치한다. 그런 다음 일명 **'전환 단계(transition stage)'**로 넘어가면 단어 요소, 시각적 패턴, 어원 등을 인식한다. 이 모든 전략을 통합하여 사용할 수 있으면 마지막 단계인 **'정확한 철자 단계(correct spelling stage)'**로 넘어가는데, 이 단계에서는 단어 의미를 정확하게 파악한다.

이 장과 이 책에 수많은 지식과 정보를 공유해준 언어학의 전설 데이비드 크리스탈(David Crystal)은 다음과 같이 현명한 말을 했다.

> 나는 아이들이 기본 어원을 알게 된다면, '유명한' 철자 오류를
> 상당수 피할 수 있을 것이라는 결론을 내렸다.
> - 『영어 철자에 대한 기묘한 이야기』,
> 데이비드 크리스탈, 266~267쪽

크리스탈(Crystal)은 어원학과 형태론의 명시적 지도를 전경화할 것을 제안한다. 그는 '작가(author)는 화려한 사인(autograph)으로 자서전(autobiography)에 서명했다'와 같은 문장을 보여주면서

'auto'('자신의'라는 뜻)라는 공통 어근을 쉽게 이해하도록 하는 지도법을 제안한다. 그는 개별 단어에 대한 흥미롭고 유익한 설명을 해주면서 어휘, 철자, 문법에 대한 호기심을 자극하고, 오래 기억할 수 있는 재밌는 단어 이야기를 들려주어야 한다고 했다. 앞 장에서 언급한 라틴어와 그리스어 어근, 접두사와 접미사는 단순히 단어 지식과 어휘를 키우는 도구 이상의 철자 지식과 정확성을 개발하는 방법이기도 하다.

그가 제안한 어원 이야기 중에서 내가 좋아하는 예시는 윈킨 드 워드(Wynkyn de Worde)와 '유령(ghost)'의 철자이다. 윈킨은 윌리엄 칵스톤(William Caxton)의 조수 중 한 사람이었다. 칵스톤은 인쇄기를 영국으로 가져와서 독서 혁명을 일으킨 사람으로 유명하다. 영국에는 새 책을 조판하는 사람이 드물었기 때문에 네덜란드에서 영국으로 건너왔다. 15세기 당시에는 철자에 엄격한 분위기가 아니었으므로 자연스럽게 윈킨의 플라망어(Flemish)가 영어에 스며들었다. 'ghost(귀신)'라는 단어는 원래 소리 나는 대로 'gost'라고 표기했지만 플라망어의 '귀신'을 뜻하는 단어인 'gheest'에서 '묵음 h'를 따와 추가한 것이다. 500년이나 된 이 오류는 이제 영어 어휘 목록의 주요 단어가 되어 일부 어린이의 맞춤법에 끔찍한 영향을 끼치게 되었다!

물론 우리는 아이들이 모든 단어의 철자에 대한 역사를 탐구할 시간도, 이에 필요한 지식도 없지만, 어원적 측면에서 어근과 단어 요소에 중점을 두고 명시적으로 지도하면 아이들이 철자나 글을 쓸 때의 사고방식을 바꿔줄 수 있다. 탄탄한 단어 지식은 낯설어 보이는 영어를 덜 까다롭게 만들어줄 뿐만 아니라 오래 기억할 수 있는 의미를 지닌 철자를 배울 수 있다.

우리는 다음과 같은 질문을 해야 한다. 흔한 철자 오류에 대한 탐구가 단어의 기원을 오래 기억하는 데에 도움이 되는가?

나는 영어 수업을 위해 '은유(metaphor)'라는 단어를 반드시 가르친다. 이 단어는 모든 문학 연구의 핵심 개념이자 내가 가르친 수많은 학생이 철자를 자주 틀렸던 단어이기도 하다. 어원과 단어 요소의 관계는 직접적이다. 이 단어는 '너머(over), 가로지르다(across)'를 의미하는 라틴어 접두사 'meta'와 '운반하다(carry), 나르다(bear)'를 의미하는 라틴어 'perein'이 결합되었다. 여기서 '가져가다(carry over)'라는 의미가 부여되었다. 그래서 '은유'라는 단어 자체가 은유적인 것이다! 이 단어 이야기에 이어서 아이들이 접두사 'meta'로 가능한 한 많은 단어를 생성해 내도록 하면 단어 탐구에 저절로 몰입되면서 언젠가는 자신만의 단어를 만들 수도 있을 것이다. 여기에는 'f' 소리를 나타내는 'ph' 쌍을 가진 단어를 전경으로 삼을 수 있다(문자와 소리 대응에 대한 자세한 내용은 이 장의 뒷부분을 참조할 것).

단어의 어근, 역사, 단어 요소에 주의를 기울이고 개별 단어의 철자를 정확하게 쓰도록 지도하면 아무래도 시간이 많이 소요될 수 있기 때문에 교육적 가치가 높은 단어, 기억해야만 하는 단어를 신중하게 선정하여 지도해야 한다. 불필요한 단어를 가려내면 우리의 일상적인 설명이 매우 경제적이고 효율적인 방법일 수 있다는 현실을 무시해서는 안 된다. 이러한 방식으로 매일 언어를 전경화하여 '단어 의식'을 전형적이고 습관적인 학습의 일부로 만들어야 한다.

철자는 아이들에게 부수적이지 않은, 유의미하고 강력한 지식이다. 그렇다면 '금요일 맞춤법 쪽지 시험'에 대한 의존도를 낮추는 가치 있는 학습 전략은 'cred'와 같이 공통 단어 어근으로 철자를 탐색하는 것이다. 우리는 대중이 불신하게 만든 도널드 트럼프의 의심스러운 (in**cred**ulous) 신뢰성(**cred**ibility)을 기억할 필요가 있다!

3장에서 언급한 철자를 가르치는 도구인 단어 공통 어근과 보편적인 접두사를 다시 읽어 보라.

## ◑ 철자 규칙의 문제

엄격한 철자 규칙을 고시하는 일을 멈출 수 없는 이유는 무엇인가? 알다시피 영어에는 중세 시대의 불량한 서기관의 사례처럼 철자 규칙을 위반한 역사가 있다. 즉, 고정 규칙을 적용하기보다는 철자 패턴을 찾는 것이 더 낫다.

실제로 가장 유명한 '철자 규칙'인 **'c' 뒤를 제외하고는 'e' 앞에 'i'가 놓일 수 없는 규칙**은 신뢰할 수 없는 규칙으로 악명이 높다. '규칙'에는 어느 정도의 타당성이 있다. 'Believe(믿다)'와 'deceive(속이다)'라는 단어를 비교하는 것은 '규칙'을 증명하는 유용한 예가 될 것이다. 하지만 예외는 매우 많으므로 이러한 예외들은 아이들에게 실망감을 줄 수 있다. '종(spec**ie**s)의 과학(sc**ie**nce)을 충분히(suffic**ie**ntly) 연구'하려는 목적이라면 분명 효과적이지 않을 것이다.

단어 패턴을 어원론 및 형태론에 대한 지식과 결합하면 철자 패턴을 더 깊이 이해할 수 있다. 예를 들어 무신론(atheism) 또는 조물주(deity) 등의 단어에서 'e'가 'i'로 시작하는 접미사에 어떻게 선행하는지 등에 대한 패턴을 탐구할 수 있다. 철자 규칙을 맹목적으로 준수하는 것은 큰 의미가 없다. 수많은 언어 전문가에게 철자 규칙은 단지 18세기의 현학적인 논평가의 잔재일 뿐이다.

교사와 아동이 철자 목록을 갖게 되는 순간 철자 패턴이 발생하는 **이유**에 대한 지식과 철자의 변형과 특징에 대한 얕은 지식만을 다루게 되면서 중요한 단어 패턴을 내면화하지 못하는 피상적인 교수학습으로 이어지게 된다.

문법 지식은 학술 단어의 철자 패턴을 인식하고자 하는 아이들에게 확실히 도움이 된다. 굴절은 단어의 문법적 기능 변화이다. 예를 들어 현재 시제의 '걷다(walk)'가 과거 시제의 '걸었다(walked)'로 바뀌는 것이 그 예이다. 단어의 어미와 철자 변형에 대한 유용한 이정표를 제시한다.

다음 표에서 아동의 철자 지도를 위한 몇 가지 변이 패턴 유형을 확인할 수 있다.

언어의 규칙 형태와 불규칙 형태가 있다. 예를 들어, 학생에게 'i', 'j', 'q', 'u', 'v'로 끝나는 영어 단어를 찾는 헛수고에 가까운 과제를 내준다고 생각해 보자. 물론 늘 그렇듯이 'chilli(칠리)', 'Iraq(이라크)', 'bureau(사무소)' 또는 'you(당신)'와 같은 예외가 있지만, 대다수는 자주 사용하지 않는 차용어이다. 단어의 어미의 규칙 또는 불규칙 형태는 꽤 일관적인 단어 패턴이므로 단어와 철자 지식으로서 유의미하다. 이어서 학생에게 'j'와 같은 소리가 나는 어미를 찾으라는 과제를 내줄 수도 있을 것이다. 그러면 학생들은 'ju**dge**(판사)'나 'knowle**dge**(지식)'와 같은 일반적인 대체 어미를 생각해 낼 수 있다. 또는 'bl**ue**(파란색)'와 'tr**ue**(진실)'와 같은 단어에서 흔히 볼 수 있는 'u'에 대한 대체 어미를 찾을 수도 있다. 이때 아이들은 언어에 대한 '청각적 감각'과 그러한 철자 패턴에 대한 시각적 기억력이 빠르게 발달한다.

| 단어 형태 | 철자 패턴 | 예시 |
|---|---|---|
| '자음-e'로 끝나는 동사 | 'e'를 빼고 'ing'를 붙임 | Love – loving |
| 'ie'로 끝나는 단어 | 'ie'를 'y'로 바꾼 뒤 'ing'을 붙임 | Die – dying |
| 'o'로 끝나는 단어 | 복수형을 만들기 위해 'es'를 붙임 | Volcano – volcanoes |
| 's', 'sh', 'ss', 'ch'로 끝나는 단어 | 복수형을 만들기 위해 'es'를 붙임 | Push – pushes |
| 'ch'로 끝나는 단어 | 복수형을 만들기 위해 'es'를 붙임 | Catch – catches |
| '자음-y'로 끝나는 단어 | 'y'를 'ie'로 바꾼 뒤 's'를 붙임 | Try – tries |
| '자음-y'로 끝나는 단어 | 'y'를 'i'로 바꾼 뒤, 'est', 'ed', 'er', 'ly'를 붙임 | Try – tried<br>Easy – easiest |
| '자음-y'로 끝나는 단어 | 'y'를 그대로 두고 'ing'을 붙임 | Try – trying |
| '모음-y'로 끝나는 단어 | 'y'를 그대로 둠 | Toy – toys |

| 1음절 단어:<br>'자음-모음-자음' | 단어 끝 자음을 한 번 더 붙인 뒤<br>'ed', 'est', 'er', 'ing'을 붙임 | Shop - shopping<br>Fat - fatter |
|---|---|---|
| 2음절 또는 2음절 이상의<br>단어:<br>'자음-모음-자음'이면서 뒤<br>음절에 강세가 있음 | 단어 끝 자음을 한 번 더 붙인 뒤<br>'ed', 'est', 'er', 'ing'을 붙임 | Begin -<br>beginning |
| 2음절 또는 2음절 이상의<br>단어:<br>'자음-모음-자음'이면서 앞<br>음절에 강세가 있음 | 단어 끝 자음을 한 번 더 붙이지 않고,<br>'ed', 'est', 'er', 'ing'을 붙임 | Follow -<br>following |

이제 초등학교 교사와 초등학생은 알파벳 발음과 파닉스에 대한 실용적인 지식이 매우 중요하다는 사실을 알게 될 것이다. 연령대가 비교적 높은 아이들을 지도하는 교사의 경우 파닉스 지식은 거의 없거나 전혀 없는 경우가 많다.

2장에서 설명한 바와 같이, 영어는 '심층 철자 체계'로 알려진 언어이며, 이는 하나의 철자가 한 단어 속에서 다양한 방식으로 발음된다. 예를 들어, 자음 'c'는 모든 영어 자음 중 가장 넓은 범위의 소리를 낸다. 그 예로는 'k'-'cat(고양이)', 'q'-'cue(실마리)', 's'-'since(그후)', 'sh'-'special(특별한)', 'x'-'access(접근)' 등이 있다. 따라서 영국문화원(British Council)에서 제공하는 음소 차트(국제 음성 기호 International Phonetic Alphabet, IPA)[5]는 다음과 같이 서로 다른 자모와 철자 패턴이 소리와 어떻게 대응되는지 제시하므로 모든 연령대의 아동에게 매우 유용한 자료이다.

　모든 교실에서 이와 같은 소리와 글자의 대응을 가시화하여 지도하면 아이들은 사전에서 철자를 능숙하게 찾을 수 있게 된다. 이러한 도구들은 '단어 의식'뿐 아니라 '철자 의식(spelling consciousness)'이라는 독특한 감각을 심어준다. 단어를 구성 요소로 '덩이 묶기'를 하는 것은 일반적인 철자 전략이며, 'plaque(혈소판)'나 'queue(행렬)'의 'que'와 같이 까다롭고 낯선 글자를 소리에 대응시켜야 할 때 특히 유용하다(형태소 분석에도 도움이 된다).

| 모음 | | 자음 | |
|---|---|---|---|
| ipa/소리 | 예시 | ipa/소리 | 예시 |
| /iː/ (ee) | s**ea**t(자리), gr**ee**n(녹색), tr**ee**(나무), rel**ie**f(완화) | /p/ (p) | **p**ull(당기다), sto**p**(멈추다), a**pp**le(사과) |
| /i/ (i) | s**i**t(앉다), gr**i**n(소리 없이 활짝 웃다), f**i**sh(물고기) | /b/ (b) | **b**et(내기), a**b**out(~에 대하여), **b**eer(맥주) |
| /ʊ/ (단음 oo) | g**oo**d(좋은), f**oo**t(발), p**u**ll(당기다) | /h/ (h) | **h**ot(뜨거운), **h**ead(머리), **h**eart(심장) |
| /uː/ (장음 oo) | f**oo**d(음식), r**u**le(규칙), sh**oe**(신발) | /f/ (f) | **f**our(4), **f**ood(음식), **f**ish(물고기) |
| /e/ (e) | h**ea**d(머리), b**e**t(내기), s**ai**d(say의 과거형, 과거분사형) | /v/ (v) | obser**v**er(관찰자), **v**ow(서약), **v**ote(투표하다) |

| | | | |
|---|---|---|---|
| /ə/ (uh) | teach**er**(교사), **o**bserv**er**, **a**bout(~에 대하여) | /m/ (m) | **m**oney(돈), la**mb**(어린 양), **m**y(i의 소유격) |
| /ɜ:/ (er) | g**ir**l(소녀), n**ur**se(간호사), **ear**th(지구) | /t/ (t) | **t**ree(나무), s**t**op(멈추다), wan**t**(바라다) |
| /ɔ:/ (or) | w**a**lk(걷다), d**oo**r(문), f**ou**r(4) | /d/ (d) | **d**oor(문), foo**d**(음식), hu**dd**le(뒤죽박죽 주워 모으다) |
| /æ/ (a) | h**a**d(have의 과거형, 과거분사형), l**a**mb(어린 양), **a**pple(사과) | /n/ (n) | gri**n**(소리 없이 활짝 웃다), gree**n**(녹색), **n**urse(간호사) |
| /ʌ/ (u) | c**u**p(컵), l**o**ve(사랑하다), m**o**ney(돈) | /θ/ (th) | ear**th**(지구), **th**igh(넓적다리), **th**row(던지다) (묵음) |
| /a:/ (ar/ah) | h**ea**rt(심장), d**a**rk(어두운), f**a**st(빠른) | /ð/ (th) | **th**ey(그들), **th**ere(거기), ba**th**e(목욕시키다) (유음) |
| /ɒ/ (o) | h**o**t(뜨거운), st**o**p(멈추다), w**a**nt(바라다) | /ŋ/ (ng) | si**ng**(노래하다), e**ng**lish(영어), dra**n**k(drink의 과거) |
| 이중모음 | | /tʃ/ (ch) | tea**ch**er(교사), **ch**air(의자), **ch**oice(선택하다) |
| /ɪə/ (eer) | y**ea**r(해), b**ee**r(맥주), **ear**(귀) | /dʒ/ (j) | **j**oke(농담), **j**oy(기쁨), loun**g**e(빈둥거리다), ri**dg**e(산마루) |
| /eə/ (air) | ch**air**(의지), | /r/ (r) | **r**ule(규칙), g**r**in(소리 없이 |

| | | | |
|---|---|---|---|
| | wh**ere**(어디에), th**ere**(거기에) | | 활짝 웃다), t**r**ee(나무) |
| /əʊ/ (oh) | j**o**ke(농담), v**o**te(투표하다), thr**ow**(던지다) | /s/ (s) | **s**top(멈추다), sin**c**e(그 후), **c**ity(도시), **ps**eudonym(익명) |
| /aʊ/ (ow) | v**ow**(맹세), l**ou**nge(빈둥거리다), **ou**t(밖에) | /z/ (z) | ob**s**erve(관찰하다) noi**s**e(소리), pre**s**ident(대통령) |
| /eɪ/ (ay) | th**ey**(그들이), b**a**the(목욕시키다), w**ay**(길) | /l/ (l) | pu**ll**(당기다), **l**ove(사랑하다), ru**l**e(규칙) |
| /aɪ/ (igh) | th**igh**(넓적다리), d**i**ce(주사위), m**y**(나의) | /ʃ/ (sh) | **sh**oe(단화), fi**sh**(물고기), **s**ure(틀림없는), pollu**ti**on(오염) |
| /ɔɪ/ (oi) | j**oy**(즐기다), n**oi**se(소리), ch**oi**ce(선택하다) | /ʒ/ (zh) | ca**s**ual(우연한), mea**s**ure(재다), plea**s**ure(기쁨) |
| | | /w/ (w) | **w**ant(바라다), **w**ay(길), **wh**ere(어디에) |
| | | /k/ (k) | wal**k**(걷다), dar**k**(어두운), **c**up(컵), pla**que**(혈소판) |
| | | /g/ (g) | **g**reen(녹색), **g**rin(히죽히죽), **g**irl(소녀) |
| | | /j/ (y) | **y**ear(해), **y**es(네, 그래요), **y**ellow(노란색) |

이렇게 철자 규칙은 신뢰할 수 없는 경우가 많다고 판명됐지만 단어의 어원, 단어 요소, 중요한 글자-소리(자소-음소) 관계 등 아이들의 철자 학습에 도움이 될 전략이 많다. 하지만 영어는 대부분의 전략이 불필요하다는 문제를 안고 있다! 동음이형이의어와 동형이의어의 특이 사례를 살펴볼 필요가 있다.

- **동음이형이의어(Homophones):** 동음이의어의 한 종류로, 소리는 비슷하지만, 철자도 다르고 의미도 다른 단어이다. 그 예로 there(거기에)/their(그들의)/they're(그들은), pear(서양 배나무)/pair(짝) 등이 있다.
- **동형이의어(Homographs):** 철자는 같지만, 의미가 다른 단어이다. 그 예로 desert(뜨겁거나 건조한 지역)/desert(자리를 뜨다), evening(늦은 오후)/evening(안정이 잡히고 있다)

영어에는 약 500개의 동음이형이의어가 있지만, 수많은 동음이형이의어가 흔하게 사용되므로 실제로 사용되는 빈도보다 더 많은 것처럼 느껴진다. 대다수의 영어 글쓰기에서 'to(~로)', 'too(~도)', 'two(2)', 또는 'write(쓰다)', 'right(옳은)', 'rite(의식)'와 같은 단어들이 빈번하게 등장하므로 우리는 이러한 단어들에 관심을 기울이고 학생이 스스로 오류를 바로잡도록 도와야 한다. 흔한 동음이형이의어로 인해 아이들이 자신감을 잃지 않고 가장 일반적인 동음이형이의어를 기억하도록 도와줄 수 있다(다음 표 참조).

동형이의어는 단어의 의미에 대한 오해를 유발하는 반면에, 동음이형이의어는 철자 오류를 불러일으킬 가능성이 높다. 두 오류는 어휘 지식의 깊이와 어휘 용법에 대한 지식으로 해결할 수 있지만, 교실에서 간편한 전략을 적용하여 해결할 수도 있다. 데이비드 크리스탈은 흔한 동음이형이의어의 철자 오류인 'stationary(정지된)'와 'stationery(편지지)' 단어에 대한 간단한 해결책을 제안하였다.

| 흔한 동음이형이의어 | 흔한 동형이의어 |
|---|---|
| ·Too(~도)/to(~로)/two(2)<br>·Their(그들의)/there(거기에)/ they're (그들은)<br>·Witch(마녀)/which(어느 것)<br>·Effect(결과)/affect(~에게 영향을 주다)<br>·Weather(날씨)/whether(~인지 아닌지)<br>·Break(부수다)/brake(제동기)<br>·Your(너의)/you're(너는)<br>·By(옆에)/buy(사다)<br>·Are(be의 복수(2인칭 단수) 직설법 현재형)/our(우리의)<br>·New(새로운)/knew(know의 과거형)<br>·Male(남성의)/mail(우편)<br>·No(아니다)/know(알다)<br>·Where(어디에)/wear(입다)<br>·Through(~을 통하여)/threw(throw의 과거형)<br>·Aloud(소리를 내어)/allowed(허용되다) | ·Address (명) 사는 곳 (동) 연설하다<br>·Date (명) 대추야자 열매/날짜 (동) 시일을 정하다, 외출하다<br>·Content (형) 만족하는/안심하는 (명) 내용물<br>·Entrance (명) 입구 (동) 도취시키다 또는 황홀하게 만들다<br>·Lead (명) 금속의 일종 (동) 선두에 서다, 누군가를 이끌다<br>·Wave (동) 손짓하다 (명) 파도<br>·Fast (형) 빠른 (동) 단식하다 |

여기서 문법적으로 명사(편지지를 사다-buying some stationery)
와 형용사(교통이 정체되다-the traffic was stationary)를 구별해
야 한다. 의미론적으로는 편지지(stationery)와 봉투(envelope)를
연결해야 한다. envelope(봉투)에서 'e'의 반복이 단어를 기억하는
데에 도움이 될 것이다.

　　　　　　　　　－『쉽게 설명하라: 영어 철자의 기묘한 이야기』,
　　　　　　　　　　　　　　　　　　데이비드 크리스탈, 282쪽

　물론 동음이형이의어와 동형이의어의 뉘앙스의 차이를 확인하는
가장 좋은 방법은 폭넓고 깊은 어휘 지식을 활용하는 것이다. 하지만
아이들이 쉽게 따라하고, 관찰하며, 흔한 단어 패턴을 인식할 수 있는
어휘 지식이 교사와 학생 모두에게 유용한 지식이다.
　철자 규칙을 따를 때의 문제점을 확인했으니 이제 철자 오류 유형
과 그 오류가 발생하는 이유를 강조하는 것이 바람직하다. 동음이형
이의어의 철자 오류는 명백하므로 우리는 이를 주의하고 학생에게도
그러한 오류를 범하지 않도록 지도해야 한다. 모든 아이들에게서 나
타나는 철자 오류는 달라도 몇 가지 철자 오류는 자주 나타난다. 물론
학술 어휘는 대체로 긴 단어이며 다소 역사적인 이야기를 지닌 철자와
단어 요소들로 구성되어 있다. 실생활에서 사용하는 20억 개 이상의
말뭉치를 가진 옥스퍼드 영어 코퍼스(Oxford English Corpus)에 따
르면 흔한 철자 오류 유형은 다음과 같다(온라인에서 전체 목록을 확
인할 수 있다).[6]

| 정확한 철자 | 흔한 철자 오류 |
|---|---|
| Accommodate(공간을 제공하다), accommodation(숙소) | Acommodate, accomodate |
| Achieve(성취하다) | Acheive |
| Business(사업) | Buisness |
| Calendar(달력) | Calender, Calander |
| Colleague(동료) | Collegue |
| Definitely(분명히) | Definately |
| Existence(존재) | Existance |
| Forty(40) | Fourty |
| Government(정부) | Goverment |
| Interrupt(가로막다) | Interupt |
| Knowledge(지식) | Knowlege |
| Possession(소유) | Posession, possesion |
| Really(정말로) | Realy |
| Separate(잘라서 떼어 놓다) | Seperate |
| Surprise(놀라게 하다) | Suprise |
| Tomorrow(내일) | Tommorrow, tomorow |
| Truly(진실로) | Truely |
| Until(~까지) | Untill |
| Which(어느 것) | Wich |

아이들의 글쓰기를 면밀하게 조사해 보면 철자 오류 패턴을 신속하게 진단할 수 있다. 흔한 철자 오류는 다음과 같다.

- **이중 자음 오류**

  예) accommodate/accomodate, interrupt/interupt, tomorrow/tomorow

- **표음식 철자 오류**

  예) business/buisiness, calendar/calender, definitely/definately

- **생략 오류**

  예) 이중 자음 생략 - eally/realy, 음성 철자 생략 - which/wich, 기타 오류

- **모음군 오류**

  예) 동음이형이의어-real/reel, 장모음 오류-bead/beed, 또는 기타 단모음 오류-'queue'

- **굴절 오류**

  예) loving/loveing, dying/dieing, fatter/fater

'yacht'나 'rhythm' 또는 'soul'과 'bowl'과 같은 불규칙 형태가 있다. 불규칙 형태는 별도의 연습이 필요한 경우도 있겠지만 대부분의 철자에는 패턴이 있다. 철자 검사는 단순히 철자를 읽고 쓰는 방식을 반복하는 과정에서 맞춤법 사용 능력이 향상되기 때문에 아이들은 제대로 학습하고 있다는 착각을 할 수도 있다. 하지만 실제 현실은 다를 수 있다. 사실 철자 오류와 오해를 만드는 원인 그리고 그 습관을 고치지 않는다면 철자 연습을 해도 완전 학습은 되지 않을 것이다. 오히려 이러한 연습이 아이들의 철자와 글쓰기에 영구적인 결함을 심어

줄 수도 있다.

모든 철자 오류를 교정하거나 표시하는 채점법은 교사에게 과도한 부담이 되는 경우가 많다. 오류를 표시하는 데 모든 시간을 할애해야 하므로 근본적인 문제를 해결하기 위한 지도 계획을 세울 시간이 거의 없다. 교사는 오류를 표시하는 시간을 줄이고 단어와 그 의미 그리고 단어와 관련 있는 철자 패턴을 가르치는 시간을 늘려야 한다.

## ◖ 철자 학습 전략을 향하여

매주 실시하는 철자 검사 그 이상의 무언가가 필요하다는 주장을 거듭 말할 필요가 있을까?

우리가 유의미한 철자 오류 유형을 설명하면서 음성 기호, 어원론, 형태론, 굴절에 대한 탐구와 단어 의식에 중점을 두어 이를 명시적으로 가르칠 때 성공적인 학습 전략으로 나아갈 수 있다. '글자 보기-글자 가리기-글자 쓰기-글자 확인하기'가 어느 정도는 도움이 되겠지만, 아이들이 철자를 더 확실하게 배울 수 있는 유일한 도구는 아니다.

학교에서 흔히 사용하는 전통적인 철자 전략이 있다. **철자 기억법 (Spelling mnemonics)**은 편리한 기억 보조 도구이다. 예를 들어 necessary(필요한)는 one collar, two sleeves(한 개의 깃, 두 개의 소매)로 설명할 수 있다. **단어 속 단어 찾기(Finding words within words)** 전략은 또 다른 방식의 흥미 있는 발상이다. 예를 들면 parliament (의회)는 '나는 의회 의원이다(I AM parliament)'로 설명할 수 있다.

그러나 결정적으로 이 두 전략은 모든 단어에 일관되게 적용하지 못하므로 광범위하게 철자를 지도하는 전략으로는 실용적이지 않다.

단순히 매주 맞춤법 검사지를 만들고 반복해서 시험을 치르는 데에 의존하는 대신에 유의미한 구조로 공통 어근과 단어 패턴을 체계적으로 지도하기 위한 계획을 세워야 한다.

광범위하고 체계적으로 사용할 수 있는 핵심 단어 지식을 중심으로 철자 학습 전략을 구성해야 한다(그림 6.1 참조).

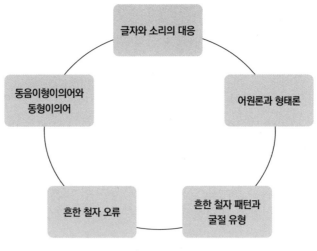

그림 6.1 지식 기반 철자 학습 전략

영국 교육부에서는 맞춤법 지도 지침서[7]에서 균형 잡힌 맞춤법 지도 프로그램의 핵심 요소에 대한 유용한 지침을 공유하였다. 이 프로그램에는 5가지 주요 요소가 포함되어 있다.

a. 단어 구성 원리(음운, 형태소, 어원) 이해하기

b. 단어 철자를 익히기 위해 단어 형성 규칙이 어떻게(그리고 어디까지) 적용되는지 인식하기

c. 철자 연습 및 평가하기

d. 철자 전략의 적용 및 교정하기

e. 철자를 정확하게 쓰는 학생으로서의 자아상 구축하기

  - 『영국 초등학교 지도 전략: 맞춤법 지도 지침서』, 교육부, 2009, 2쪽


마지막 요소 (e) 철자를 정확하게 쓰는 학생으로서의 자아상 구축하기는 흥미로운 내용이다. 이 장은 토머스 제퍼슨이 딸에게 맞춤법을 준수하도록 부드러운 어조로 꾸짖는 말에서 시작되었다. 이제, 어떤 부모나 교사라도 이유 없이 "철자를 정확하게 쓰는 건 무조건 중요하다."라고 하는 말하는 접근 방식의 한계를 알고 있다. 특히 이런 말이 꾸중임을 인지하는 청소년의 경우라면 더욱 그럴 것이다. 단순히 반복적으로 검사하는 대신에 철자를 더 잘 쓸 수 있는 지식과 전략으로 학생을 무장시킨다면 그들은 철자에 대한 자신감이 커질 것이다.

대부분 정확한 맞춤법 사용은 고차적 사고력을 신장시키지 못할 뿐만 아니라 학습 의지를 상실하게 하는 교정, 점검, 자기 훈련의 행위로 귀결된다는 점에서 동기 부여는 중요한 문제이다. 대부분의 아이는 친구 사이에서 의사소통이 주로 매체로 이루어지기 때문에 학교의 학술적 코드와 철자의 정확성이 동등한 가치로 적용되지 않을 것이다.

실제로 아이들은 그들의 또래에게 인정받으면서도 부모와 교사로부터 독립할 수 있는 독창적인 맞춤법을 만들어서 사용할 것이다.

우리는 아이들의 학습 동기를 고려하되 친구들 간의 사적인 의사소통 코드에서 학교와 더 넓은 세상의 학문적 코드로 전환하는 능력의 중요성과 가치를 인식하도록 도와야 한다. 앤드류 잭슨(Andrew Jackson)은 아이들의 창의적인 철자법을 인정하지만, 그들이 언어 감각을 발휘해야 하는 때는 알아야 한다고 주장했다.

어떻게 하면 교실 안에서 학문적 코드, 철자의 정확성 그리고 광범위한 어휘를 사용하고 존중하는 교실 문화를 만들 수 있을지 자문해 보아야 한다. 아이들은 '왜'라고 질문할 것이고, 우리는 아이들이 지식을 활용해 답을 찾을 수 있는 능력을 길러주어야 한다.

좀 더 광범위하게 말하자면, 어휘와 정확한 맞춤법 사용에 대한 일관되고 지속적인 학습 전략을 실행하기 전에 교실, 교과, 학교에서 철자에 대한 우리의 의식(자신의 철자 문제에 대한 불편한 폭로가 될 수도 있다)을 드러내야 한다. 이것이 교육과정과 모든 교실의 중심에 놓여야 하는 강력하고 핵심적인 지식이다.

## ◖ 요약

- 매주 실시하는 맞춤법 검사는 철자를 가르치는 것이 아니다. 다시 말하지만 시험은 지도나 교육이 아니다.

- 맞춤법 교육은 어원학과 형태론과 같은 언어의 기원에 의해 뒷받침되기도 하며 뒷받침되어야 한다. 명시적인 어휘 교육은 철자 지식을 가르치고 통합할 수 있는 주요 기회를 제공한다.

- 학술 언어의 기원인 라틴어와 그리스어는 철자 패턴 유형과 단어 의미를 탐구할 수 있는 자양분이 된다.

- 대부분의 철자 규칙은 수많은 예외가 있어서 이를 가르치기에는 어려움이 있다. 대신에 철자 판단의 기준이 되는 형태론적 패턴 유형, 문법적 굴절, 알파벳 코드에 대한 지식을 아이들이 개발할 수 있도록 주력해야 한다.

- 영어에는 약 500개의 동음이형이의어가 있다. 아이들이 흔한 철자 오류를 범하지 않도록 불규칙 유형을 강조해야 한다. 실제로 영어의 500여 가지 철자 패턴은 너무 어렵고 복잡한 내용이 아닌, 오히려 영어를 쉽게 배우고 효과적으로 학습할 수 있는 내용이다.

- 우리는 아이들이 실제로 어떤 철자 오류를 범하는지 찾아내고(what), 철자 오류를 왜 보이는지 이해한 다음(what), 철자를 어떻게 하면 정확하게 쓸 수 있는지(how)를 알 수 있도록 지원해야 한다.

# ● 주석

1. Moats, L. C. (2005). 'How spelling supports reading: And why is more regular and predictable than you might think'. The American Educator, Winter 2005/2006. 2014년 5월 7일 온라인으로 접속: www.aft.org/sites/default/files/periodicals/Moats.pdf.

2. Alderman, G. L., & Green, S. K. (2011). 'Fostering lifelong spellers through meaningful experiences'. The Reading Teacher, 64: 599–605. doi:10.1598/RT.64.8.5.

3. Winch, G., Johnston, R. R., March, P., Ljungdahl, L., & Holliday, M. (2010). Literacy: Reading, writing and children's literature (4th ed.). South Melbourne: Oxford University Press.

4. 위의 책.

5. 이 음소 차트는 영국 문화원 발음 차트를 수정한 것이다. 2017년 3월 6일 온라인 접속: www.teachingenglish.org.uk/article/phonemic-chart.

6. Oxford Dictionaries (2017). 'Common misspellings'. Oxford: Oxford University Press. 2017년 6월 12일 온라인으로 접속: https://en.oxforddictionaries.com/spelling/common-misspellings.

7. Department for Education (2009). The National ¯strategies: Primary: 'Support for spelling' (2nd ed.). 2017년 12월 14일에 온라인으로 접속 가능: http://webarchive.nationalarchives.gov.uk/20110813013929/http://teachingandlearningresources.org.uk/collection/35326.

# 어휘 격차의 해소를 위한
# 실천 전략

새로운 단어를 어떻게 가르치고 있는가?

교사라면 새로운 단어를 수없이 가르쳐봤겠지만, 어휘 지도법을 명확하게 설명할 수 있는 교사는 몇 명이나 될까? 아이들의 어휘력 발달의 이점이 명백한데도 왜 새로운 단어를 가르치는 방법을 모색하고 개선하지 않는지에 대해 자문해야 한다.

나는 교사로 재직하면서 꽤 오랜 시간 동안 어휘 지도의 갈피를 잡지 못했다. 새롭고 낯선 단어의 의미를 찾는 아이에게 '사전을 보라'는 습관적인 권유를 하며 지도했다. 자기 주도적인 단어 학습을 권장하기 위해 내 교실에서는 모든 학생이 각자 사전을 한 권씩 가지고 있었다. 이 방식은 대체로 단어를 빠르게 확인할 수 있다는 장점이 있다.

당연한 말이지만 배경지식과 기존의 어휘력이 새로운 단어 학습에 매우 중요하다는 점을 고려할 때, 아이들이 사전을 얼마나 잘 활용하는지는 기존에 축적한 어휘 지식과 관련이 있다.

습관적인 사전 사용은 효과적이지 않으며 사전 사용에 세심한 주의를 기울이지 않으면 오히려 교실 속 어휘 격차를 악화시킬 수 있다. 사전적 정의는 대부분 학생들, 특히 제한적 어휘 수준을 지닌 아이들에게는 접근하기 어려운 것으로 밝혀졌다.[1] 학술 단어는 다의어가 많기 때문에 정확한 의미를 선택하려면 단어에 대한 지식이 많아야 한다. 학교 수업에서 자칫하면 잘못 해석될 수 있는 다의어를 예로 들어보겠다.

Harmony는 일반적으로 좋은 어울림을 지닌 상태를 의미하지만, 음악 교과에서는 동시에 연주되는 화성이라는 뜻을 지닌다. 하모니는 음악 교과에서는 음악을 설명할 때 사용하지만, 드라마 수업에서는 등장인물의 행동을 설명할 때 사용한다.

Cracking은 일상에서는 인상적인 대상을 묘사할 때 사용한다. 일반 관용구로는 무언가의 '압박을 받아 균열되다'를 묘사할 때 사용한다 ('강력하게 탄압하다' 또는 '복종을 강요하다'의 뜻으로 쓰이기도 한다). 이 단어의 사전적 정의는 '부분으로 쪼개지거나 분리되기 시작하다'라는 의미이다. 화학 교과에서는 복합 유기 탄화수소가 더 간단한 분자로 분해되는 과정을 나타낸다.

화학 수업에서 사전을 펼쳤다면 아마도 원하는 답을 얻지 못할 것이 분명하다. 이러한 상황은 학교 내에서 이루어지는 단어 학습의 고질적인 문제를 보여준다. 사전은 초보 독자를 고려해 만들어진 것이 아니다. 사전은 사실상 지면의 제약이 있기 때문에 간결하고 밀도가 높게 정의해야 한다는 원칙이 있다. 학생용 사전이라 하더라도 다의 어로 인한 학습의 어려움은 여전히 극복되지 않는다. 따라서 이와 같 은 명확한 이유로 전통적인 사전적 의미를 지도하기보다는 '학생 친 화적인 예시'를 제시하는 것이 좋다. 일반적으로 교과서의 한 쪽에는 약 300개의 단어가 있고, 아이가 교과서 한 쪽의 내용을 정확히 이해 하려면 95%의 단어를 알아야 한다. 이 점을 생각하면 아이들은 최대 15개의 단어에서 난해함을 느낄 것이다. 그렇다면 단어 지식의 격차 를 해소하기 위해서는 가장 효율적인 전략을 선택하는 것이 중요하다.

새로운 단어를 이해하지 못하는 아이를 지도할 때 내가 두 번째로 자주 사용하는 방법은 단어에 대해 간단하게 설명하거나 "문장을 다 시 읽어 보고 단어 주변에서 단서를 찾아보라."고 권유하는 것이다. 이 방법은 대체로 효과적이다. 최소한 아이들이 단어를 정말로 이해 했는지 여부를 파악할 수 있는 정도의 효과는 있다. 이사벨 베크 (Isabel Beck)와 동료의 훌륭한 저서 『단어에 생명 불어넣기(Bringing Words to Life)』라는 책에서 문맥적 단서를 갖고 단어의 의미를 추론 하는 지도법에 얼마나 심각한 문제가 있는지 밝히고 있다(특히 제한 된 어휘 수준을 지닌 학생에게는 더욱 그렇다). 이 책에서는 새롭거나 모르는 단어에 관련된 네 가지 유형의 맥락을 다음과 같이 정의한다.

- **오지시 문맥:** 아이들에게 도움이 되지 않으며 잘못된 의미로 이끄는 맥락이

다. 예) 왕자는 키가 크고, 힘이 세며, **겁에 질려 있었다(petrified).**

[여기서 아이는 **'petrified'**라는 단어가 강하고 힘센 특징과 관련된 의미라고 추측하겠지만, 작가는 이러한 독자의 기대를 장난스럽게 저버렸다.]

- **비지시 문맥:** 아이들에게 거의 도움이 되지 않는 맥락이다, 예) 왕자는 **비참했다(abject).**

[이 문맥은 'abject'와 같이 복잡한 단어 의미를 추론할 수 있는 정보가 충분하지 않다.]

- **일반 문맥:** 단어의 의미를 추론할 수 있도록 단어 주위에 설명이나 정보가 있는 맥락이다. 예) 왕자는 무도회에서 **우둔한(obtuse)** 성격과 따분한 대화로 파티 참석자를 지루하게 했다.

[이 문맥에서는 왕자가 우둔하고 따분하다는 성격이라는 의미를 추론할 수는 있지만 단어가 지닌 모든 의미는 알려 주지는 않는다. 'obtuse'라는 단어는 수학 교과에서 둔각이라는 의미로 사용되므로 잘못 해석하는 경우가 생길 수도 있다.]

- **지시 문맥:** 단어의 의미를 명확하게 설명해주는 단어 주위에 설명 또는 정의에 대한 정보가 있는 맥락이다. 예) **둔각(obtuse angle)**은 90도와 180도 사이의 각도이다.

[이 문맥에서는 단어 의미가 오해의 여지가 전혀 없는 정확하고 명확한 의미이다.]


여러 교과서의 집필진은 학습자의 이해를 돕기 위해 용어 사전, 핵심 단어 및 삽화를 넣을 뿐만 아니라 지시적 맥락을 꼼꼼하게 만들고자 했을 것이다. 이러한 노력에도 불구하고 아이들이 새롭고 도전적인 단어가 들어 있는 수많은 글을 읽으면서 그 단어를 혼자서 이해할 수 있는 문맥적 지원은 거의 없다. 쉽게 말해, 아이들이 사전을 효과적으로 사용하거나 문장이나 문맥을 바탕으로 추측하는 데에 의존해서는 안 된다. 혼자서 하는 단어 학습도 중요하지만, 아이들은 글 이해에 필요한 배경지식이 부족한 경우도 많으므로 단어 학습을 지원하기 위한 명시적인 어휘 교육이 필요하다.

이제는 명시적인 어휘 교육법을 제시할 것이다. 이 모델은 개별 단어 또는 관련 단어들을 지도할 때 적용할 수 있다. 아이들이 중요 단어의 이해력을 키울 수 있도록 **SEEC 모델**[2](그림 7.1 참조)로 지도할 수 있다.

그림 7.1. SEEC 모델

## ◖ 선택하기

수업을 위한 읽기 자료를 선정할 때에는 학습 주제 및 학습 계획을 미리 본 뒤 다음 사항을 결정한다.

- 이 읽기 자료는 아이들이 이해하기에 얼마나 어려운가?
- 글이나 주제를 이해하는 데 가장 중요한 단어는 무엇인가?
- 아이들의 배경지식에 포함되지 않는 단어는 무엇인가?
- 아이들이 단어 의미를 파악하는 데에 유용한 지시 문맥이 없는 단어는 무엇 인가?
- 글과 주제에서 어떤 단어가 반복적으로 나타나는가?
- 어떤 단어들이 상호 연관되어 있으며, 이 단어들은 다른 단어를 알 수 있게끔 도와주는가?
- 수많은 교과에서 자주 접할 수 있는 단어(2단계 단어)는 무엇인가?

## ◖ 설명하기

먼저 가르칠 단어를 선택하고 난 뒤에는(물론 교실 대화 등에서 등 장하는 단어를 자연스럽게 가르칠 수 있다) 단어를 제대로 설명하는 단계로 넘어간다.

- 단어를 정성 들여 말하라('음소 인식'의 중요성을 기억하라).
- 단어를 써보라(단어의 일반적인 소리 또는 문자를 참고할 기회를 제공한다).
- 학생 친화적인 정의를 제공하라. 예) **obtuse** – 매우 민감하지 않거나 상황

이해가 느리다.

- 유의미하고 다양한 예시를 제공하라. 예) 왕자는 일부러 둔감하게 굴었다.

- 학생에게 예시를 만들어보라고 한 뒤 다양한 의미 또는 오개념을 명확하게 지도하라.

## ◖ 탐구하기

새로운 단어에 대한 심층 탐구는 항상 필수적이지도 실용적이지도 않지만 글 이해에 필수적인 중요 단어를 지도하는 경우에는 이를 고려해야 한다. 단어를 탐구하는 방법은 무궁무진하지만, 이 장의 남은 부분에서 단어와 그 의미를 탐구하기 위한 여러 아이디어를 제공할 것이다. 아래에 제시된 몇 가지 방법은 단어 의미를 탐구하고 '단어 깊이'를 심어 주며 '단어 의식'을 불러일으킬 수 있다.

- 단어 의미를 이해하기 위해 어원과 단어의 공통 요소를 탐구하라.

- 단어(들)의 일반적인 단어 집합, 흥미로운 동의어 또는 반의어를 탐구하라.

- 단어가 다른 교과에서 어떤 의미로 달리 사용되는지 탐구하라.

- 사용 중인 단어의 예시를 제공하는 객관식 문제를 탐구하라.

- '생각하기-짝과 공유하기' 방법으로 짝과 함께 단어 의미를 탐구하라.

- 자신이 알고 단어로 단어(들)의 의미를 다시 말해보는 방식으로 단어 의미를 탐구하라.

- 단어와 관련 있는 추가 질문을 만들고 탐구하게 하라.

- 사용 중인 단어의 더 많은 예를 탐구하라.

- 단어와 관련 있는 이미지 또는 아이디어를 탐구하라.

- 단어 또는 개념을 기억할 수 있는 전략을 탐구하라. 예) 암기법

이를테면, 우리는 'obtuse'라는 단어를 여러 가지 방법으로 탐구하도록 지도할 수 있다. 이 단어의 어원은 '무뚝뚝하거나 둔하다'는 의미를 지닌 라틴어 'obtusus'에서 유래한 단어임을 알 수 있다. 또한 접두사 'ob-'는 '앞에'라는 의미가 있으며 이 접두사는 'object(객관)', 'obsession(망상)', 'obdurate(완고한)'와 같은 단어에서 확인 가능하다. 또 둥근(뭉툭한) 잎을 묘사하는 것과 관련된 의미 또는 기하학과 관련된 의미도 탐색해 볼 수 있다. 'obtuse angle'이라는 수학 용어는 둔각 즉, 그렇게 날카롭지 않은 각이라는 뜻이다. 학생은 짝을 지어 토론하거나 영문학의 우둔한 등장인물이나 역사 속의 인물을 묘사하는 문장을 써 볼 수 있다. 아이들은 짝을 위해 자신만의 사전적 정의를 만들거나 단어를 기억하는 데 도움이 되는 이미지나 기호를 생각해낼 수도 있다.

## ◖ 통합하기

한 단어를 깊이 이해하려면 그 단어에 반복적으로 노출되어야 한

다. 물론 단어를 다시 떠올렸을 때 쉽게 기억나지 않는 경우도 있으므로 단어를 잘 기억하는 방법도 강화해야 한다. 아이들이 교실 밖에서 그 단어를 확장하여 유의미하게 사용할 수 있다면 더할 나위 없이 좋다. 오래도록 단어 지식을 통합할 수 있는 몇 가지 방법을 제시하면 다음과 같다.

- **시험과 학습:** 학생들이 빠르게 익힐 수 있는 단어가 있다('신속하게 연결하기'를 기억하라). 대개 아동이 새로운 학술 단어를 어느 정도 깊이 이해하려면 여러 번 접해야 한다. 수업 초반에는 단어 설명과 토론 활동을 하고, 예문을 사용하고, 질문을 하며, 아이들의 배경지식을 정리한다. 그런 다음에는 일정 시간이 지난 후에 단어 또는 단어들이 장기 기억에 제대로 정착되었는지 다시 확인해 보는 것이 중요하다. '반복 퀴즈' 및 '단답형 문제'는 단어에 반복적으로 노출될 수 있는 대표적인 시험 방법이다.

- **세상 속 단어를 사용하기:** 아이들이 배우는 내용 대부분은 학교 밖에서 마주칠 일이 거의 없다. 우리는 실생활에서 새롭고 흥미로운 단어와 어휘를 사용할 기회를 얻는다. 모든 아이들은 가정에서 상대에게 깊은 인상을 준 새로운 단어를 사용했을 때 자부심이 샘솟는 경험이 있을 것이다. 수많은 학술 단어들(특히 '**2단계**' 단어)은 학교 안팎에서 유용하므로 다양한 상황에서 이 단어를 이용해 말하거나 글을 쓸 수 있다. 교사가 이 '학술 단어로 소통하는 방법'을 권장하고, 가르치고, 시범보이면 아이들이 의사소통에 더 자신감을 가질 것이다.

- **연구하고 기록하기:** 슬그머니 등장한 YouTube 검색과 무의미한 여러 웹사이트를 배회하는 웹서핑으로 인해 학교 내의 연구 활동이 대부분 사라졌다.

목표가 명확한 연구는 학생이 혼자서 더 많은 단어를 학습할 능력을 키워줄 뿐만 아니라 단어의 계통과 어족, 복잡한 의미 등 단어에 대해 더 많은 부분을 발견하도록 이끌 수 있다. 분명 인터넷 검색의 교육적 효과는 양질의 단어 지식과 올바른 단어 선정에 달려 있다. 수많은 학교에서는 어휘 목록이나 이와 유사한 자료를 배포함으로써 아이들이 어휘량을 눈에 띄게 늘리고 학습에 대한 의미 있는 기록을 남겼다.

직접 시도해 보라. 예정된 수업, 교과, 잠재적 수업에서 신중하고 명시적인 어휘 개발을 위한 계획을 세우기 위해 **SEEC 모델**을 활용해 보라. 어떤 단어는 심층적인 탐구가 필요하지만, 어떤 단어는 설명하기와 이후의 통합하기 활동이 필요할 수 있다.

어휘 학습은 일회적이 아니라 시간이 지날수록 개발된다는 점에서 하루가 아닌 매일, 매주, 매월, 매년 단어 학습이 이루어지도록 세심하게 살펴야 한다. 이와 같은 방식으로 어휘에 중점을 두고 가르치면 '단어 의식'을 갖게 되므로 예전이라면 고안해 내지 못했을 수도 있는 유용한 학습 기회들을 만들어 낼 수 있다.

## ● '단어가 풍부한 교실'을 만들기

그렇다면 훌륭한 어휘 지도법이란 무엇이며 어떻게 하면 '단어가 풍부한 교실'을 만들 수 있을까? 이에 대한 정답도 없고 성과를 입증할 수도 없지만, 이러한 고민은 학생의 어휘력을 가장 잘 개발하는 방법을 혁신하고, 평가하고, 터득할 수 있는 수많은 기회를 제공한다.

우리가 단어 목록 시험 또는 책을 덮은 뒤로는 다시는 못 만날 현란한 단어들이 속해 있는 단어 사전에만 의존한다면 단어 학습이 제대로 이뤄질 수 없다는 사실을 오랜 경험을 통해 깨달았다. 사전과 몇 가지 시험만으로 무장된 어휘 지도의 제한적 접근법은 '단어 의식'을 키워줄 수 있는 지도법이 될 수 없다. 그 대신 단어에 대해 치열하게 생각해 봄으로써 학습 전이를 형성하고 영감을 주어 단어에 대한 강력한 호기심을 키워줄 수 있는 지도법이 있다.

학교에서 폭넓고 깊이 있는 어휘를 만들어 주는 최선의 방법은 글을 되도록 많이 **읽게 하는 것**이다(숙련된 독자는 1년에 100만 개 이상의 단어를 읽는다는 사실을 기억하라). 아이들이 어휘와 **학문적 대화**에 몰입할 수 있는 교실을 만들어줘야 한다. 단어는 서로 연관이 있고 **연결**되어 있으며 **범주화**하여 묶을 수 있다. 이렇게 단어를 연결하고 범주화하며 배우는 방식은 가장 훌륭한 학습법이다. 능숙한 **단어 놀이**를 통해 단어의 깊이를 더 잘 이해할 수 있다.

다음과 같은 네 가지 요소(그림 7.2)는 교과 교육과정의 보편적인 단어 지도법을 적용하고 응용하여 단어가 풍부한 교실을 만드는 방법을 제공한다.

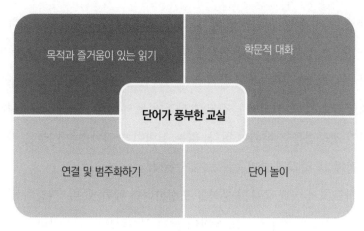

그림 7.2 '단어가 풍부한 교실'

## ◐ 어휘 격차의 해소를 위한 실천 전략 ⋯ 목적과 즐거움이 있는 읽기

폭넓고 깊이 있는 독서 활동은 재론의 여지가 없는 어휘 지도법이다. 즐거움을 위한 책 읽기를 권하지 않는 교사도, 권하지 않을 교사도 찾기도 어려울 것이다(만약 그런 교사가 주변에 있다면 그렇게 해서는 안 된다고 지적하라). 아이들은 어느 정도 유창하게 읽기 시작하면 명시적인 지도가 아닌 책을 읽는 과정에서 새로운 단어를 배우게 된다.[3] 숙련된 독자는 일 년에 약 100만 단어를 읽으며, 2만~4만 개 정도의 새로운 단어를 접한다.[4] 즐거움을 위한 읽기는 아이들에게 여러 측면에서 상당한 가치를 제공한다.

그러나 결정적인 사실은 단순히 폭넓은 독서를 장려하거나 일 년에

한 번 '독서의 날'을 알리는 방식으로는 교실 속 어휘 격차를 해소하지 못한다는 것이다. 예상했겠지만 능숙한 독자는 미숙한 독자보다 책 읽기를 즐기는 편이다. 초기의 읽기 격차는 점점 더 커지면서 학업 실패로 굳어진다. 따라서 즐겁고 효과적인 독서 문화 조성을 위해 체계적인 접근법을 지향해야 한다. 읽는 실력이 늘어나면 아이들은 자연스럽게 책 읽기에 즐거움을 느끼게 된다.

학교에서 어떤 종류의 문화를 조성하려면 계획, 준비, 시간이 필요하다. 이하의 전략을 학교 상황에 맞게 전략적으로 결합한다면 긍정적인 독서 문화를 조성할 수 있다.

- **쉽고, 매력적이고, 사회적이고 시기적절한 독서문화 만들기(EAST 프레임워크):** '넛지 유닛(nudge unit)'으로 널리 알려진 '행동 통찰 팀(Behavioural Insights Team)'은 행동과학 이론을 적용하여 사람들의 습관을 바꾸고 긍정적인 공동체 문화를 창출하는 방법을 선보였다. 교사, 아이들, 부모에게 독서는 쉬워야 한다. 즉, 아이들에게는 흥미로운 책에 쉽게 접근할 수 있다는 의미이며, 부모에게는 책과 적절한 독서 목록을 제공한다는 의미일 수 있다. 또한 교사에게는 더욱 효과적인 독서 지도 방법을 제공한다는 의미일 것이다. 읽기가 아이들에게 일상적이고 매력적인 활동이 되려면 자원이 풍부한 독서 환경이 필요하다. 사회적이면서도 시기적절한 독서문화를 조성하기 위해서는 학교에서 시간을 보내는 동안 독서에 집중할 시간을 지정하고, 부모와 효과적으로 의사소통하는 방법을 모색해야 한다(문자 메시지는 부모와 소통하는 효과적인 방법임이 입증되었다[5]).

- **독자 역할 모델을 보여주기:** 아이들에게 가장 강력한 영향을 미치는 요소 중

하나는 친구와 또래이다. 이 절대적 진리를 잘 활용한 전략으로 **'짝 읽기'**가 있다. 이 전략은 나이가 많은 어린이가 자기보다 어린 어린이와 함께 읽거나 그룹 내에서 읽기 능력이 뛰어난 학생과 읽기 효능감이 낮은 또래가 함께 읽는 전략이다. 가정에서는 아버지가 자녀와 함께 책을 읽을 수 있도록 지원하는 **FRED**(아빠와 매일 함께 읽기(Father's Reading Every Day) 프로그램처럼 부모가 함께 참여하는 프로그램을 통해 중요한 독서 역할 모델을 제공할 수 있다.[6]

- **살아있는 도서관 만들기:** 지난 10년 동안 지역 도서관은 안타깝게도 쇠퇴의 길을 걷고 있다. 이러한 현실을 미루어 볼 때 학교 도서관의 중요성은 더욱 크다. 건실하고 활용도가 높은 도서관은 학교의 독서문화를 보여주는 대표적인 지표이다. 도서관을 가용 자원으로 만드는 데에 투자하는 학교의 경우 다양한 기술을 활용하고(웹 검색은 전통적인 서적 검색과 함께 진행되어야 함), 방과 후 과제 도움반이나 '자율 학습'과 같은 교내 활동과 학교 도서관 이용을 통합하여 운영하기도 한다.

- **'백만 단어에 도전!':** 가끔은 약간의 동기 부여가 필요할 때가 있다. 독서를 장려하고 아이들이 풍부한 어휘를 지니는 것이 중요하다는 핵심적인 메시지를 전달하기 위해 '독서 도전'을 해볼 수 있다. 부모가 어휘의 격차를 이해하면 자녀에 대한 지원이 달라지므로 부모들에게 전달되는 이 메시지는 매우 중요하다. 아이들에게 안성맞춤인 다양한 독서 도전이 있다. 웰링턴 아카데미(Wellington Academy) 학교에서는 매주 규칙적인 독서 습관을 장려하기 위해 **'40권 읽기 도전'**을 실천한다.

- **'여름 방학 이후의 학업 후퇴 현상(summer slide)' 막기:** 아이들이 몇 주의 여름 방학 후에 겪는 학업 후퇴 현상은 학교 현장의 고질적인 문제이다. 불행하게도 집에 책이 거의 없거나 단어 결핍 환경에 놓인 아이는 대개 또래들

보다 더 학업에 뒤처질 수 있다. 도서 대출을 지원하거나 무료 도서를 나눠주기, 독서 도전 행사 및 '여름학교(summer schools)' 열기 등의 지원을 통해 여름 방학 이후의 학업 후퇴 현상을 막을 수 있다.

- **전문가 지원 받기: The Literacy Trust**와 같이 독서문화 발전을 위해 학교를 지원하는 훌륭한 단체가 있다.

우리는 융성한 독서 문화가 조성되어 있는지 점검하는 일도 중요하지만, 무엇보다 양질의 독서 지도와 교실에서의 어휘력 중점 지도의 균형을 이루어야 한다. 어휘를 염두에 두고 지도 계획을 세우거나 중요한 어휘를 미리 가르치는 경우, 명시적인 지도 전략이 교사의 노력을 강화하는 데 도움이 될 것이다. 다음의 교실 기반 전략을 바탕으로 단어가 풍부한 교실을 만들 수 있다.

- **'핵심' 단어를 기록하라:** '단어 기록', '단어 저축' 등 아이들의 어휘 발달을 기록하는 방법은 매우 다양하다. 이와 같이 학술 언어를 전경화하여, 새롭고 흥미 있는 단어들의 가치를 명시적으로 보여줄 수 있다.

- **단어 벽 세우기:** 교실 벽을 단어로 가득 채우면 접근하기 쉬우면서도 단어가 풍부한 교실 환경을 조성할 수 있다. 하지만 이 단어들이 단어 벽지 역할만 해서는 안 된다. 학생 친화적인 단어 정의와 예시를 넣어 단어 벽을 실용적으로 만든다면 일상적인 어휘 연습에 더 전략적으로 통합할 수 있다.

- **단어 해설로 지식 조직자 만들기:** 아이들의 읽기와 이해를 지원하는 흔한 방법으로 지식 조직자가 있다. 지식 조직자는 A4 용지의 한 면에 주제 또는 글에 대한 요약문의 형태로 제공할 수 있다. 이 방법은 '핵심 어휘' 목록처럼 학

습을 보조하고 간편하게 활용할 수 있는 참고 자료를 제공할 때 유용하다.

- **소리 내어 읽기:** 교실에서 그룹별 소리 내어 읽기가 아동 대상의 교수법이라 착각하는 사람들이 많다. 소리 내어 읽기는 모든 교실에서 활용할 수 있는 교수법이다. 교실에서 소리 내어 읽기를 하면 아이들이 읽기에 난해한 복잡한 글도 풍부한 대화를 주고받으며 책을 읽을 수 있다. 교사의 유창한 연설과 즉각적인 해독은 특히 정교한 학술적 글(새로운 교육과정에서 읽기 능력에 대한 요구가 커지면서 중요한 읽기 전략으로 다루고 있음)을 읽으면서 낯설고 어려운 어휘 의미에 집중하는 데에 도움이 될 수 있다.

- **상보적 읽기:** 소규모 그룹에서 함께 읽는 방법으로 '상보적 읽기'가 있다. 일반적으로 아이들 전체의 단어장이 한 개인의 단어장을 능가하기 때문에 아이들이 더욱 체계적인 방식으로 단어의 의미에 대해 토론할 기회를 제공할 필요가 있다. 상보적 읽기는 **'요약하는 사람', '질문하는 사람', '명료화하는 사람', '예측하는 사람'** 등의 역할을 맡아 읽는 전략으로, 숙련된 독자가 활용하는 전략을 따른 것이다.

- **읽기와 글쓰기를 통합하기:** 우리는 주어진 글을 메모하고 요약하는 방법이 글 이해에 유용한 전략이라는 사실을 알고 있다. 그런데 우리는 아이들에게 메모하고 요약하는 방법을 알려주지 않은 채 잘 정리되고 깔끔한 노트를 만들도록 기대할 때가 많다. 세 단락(첫 번째 단락 → 핵심 정보, 두 번째 단락 → 핵심 질문, 세 번째 단락 → 기억에 남는 단어, 이미지 및 암기법)으로 구성된 **세 겹 노트 만들기**와 같은 모델은 주어진 글을 이해하고 가장 잘 요약하는 방법을 제공한다.

- **사전 사용법 교육하기:** 아이들은 사전 활용을 어려워한다. 그러나 학생용 사전은 단어 의미를 쉽고 간편하게 찾을 수 있도록 고안되어 있다. 예를 들어 **Collins COBUILD 사전**은 단어가 자주 사용되는 맥락을 제공하고 있어 실

제로 사용하기에 편리하다. 시각 사전과 이중언어 사전은 초보자의 단어 학습에 도움이 된다. 또한 대표적인 온라인 사전의 사전인 'One Look Dictionary'(www.onelook.com)와 형태론과 어근에 대한 방대한 목록(www.vocabulary.com/lists/morphology-and-roots/)을 제공하는 'Vocabulary.com'(www.vocabulary.com)와 같은 웹사이트는 교사가 교육용으로 사용하기에 적합하다.

## ● 어휘 격차의 해소를 위한 실천 전략 ··· 학문적 대화

독서문화를 조성하려면 체계적인 계획과 공동의 목적의식을 바탕으로 키워가야 하듯, 학문적 대화 문화 조성 역시 마찬가지다. 학문적 대화 문화를 융성하게 조성하는 일은 학술 담화의 뉘앙스, 단어와 구가 어떻게 만들어지고 변형되는지 그리고 특별한 의사소통 코드는 어떻게 만들어지고 파괴되는지를 아이들과 교사 모두가 이해하는 작업부터 출발해야 한다.

학문적 대화는 교사의 대화로부터 시작한다. 교사의 말과 설명은 독서 못지않게 아이들이 매일 배우는 수많은 복잡한 학술 어휘의 원천이다.[7] 그러나 교사의 말과 설명은 당연한 행위로 받아들여질 때가 많다. 심지어 일부에서는 아이들의 말들이 모든 지식과 이해의 근원이라는 암묵적인 가정 하에 어떤 때는 교사의 지위를 폄하하는 상황을 목격하기도 한다. 주객이 전도되는 안타까운 사례이다.

학문적 대화를 중시하는 강력한 교실 문화를 발전시키려면 아이들에게 세련된 대화를 끌어낼 수 있는 질 높은 교사 대화에 중점을 둔 실천 전략으로 접근해야 한다.

- **코드를 시범 보이기:** 대화에는 책과 달리 희귀한 학술 어휘와 복잡한 문장 구조가 드물기 때문에 교실 수업에서 교사의 학문적 대화 사용에 대한 시범은 꼭 필요하다. 이를 위해 교사의 대화 속에서 담화 표지를 다소 학구적으로 사용함으로써 특정 단어를 강조하는 방법도 있다. 그 예로 예술 교과에서 회화적 차이를 다음과 같이 설명할 수 있다. '피카소의 추상적인 작품들은 마네의 사실주의와 형식적인 균형 면에서 **극명한 대조를 이룬다. 그럼에도 불구하고** 두 예술가에게서 공통으로 나타나는 부분은 ……' 이 같은 정교한 언어 표현이 부자연스럽게 느껴질 수 있지만, 연습하다 보면 교사의 설명 습관이 될 수 있다. 교사의 설명 및 교실 대화에서 **SEEC 모델(선택하기, 설명하기, 탐색하기, 통합하기)**을 사용하면 어휘의 복잡도를 확실히 높일 수 있다.

- **'전문가처럼 말하기':** 학문적 대화와 정교한 어휘 선택을 시범 보이면서 교과별 암묵적 코드를 명시적으로 보여주어야 한다. 즉, 각 교과 분야의 전문가가 말하는 방식을 드러내는 것이다. 따라서 과학자처럼 말하기 위해서는 과학자가 효율적으로 사용하는 2단계 및 3단계 어휘를 바탕으로 과학자가 논리, 추론, 근거를 다루는 방법을 시범 보이는 데에 중점을 두어야 한다. '증거를 토대로 자신의 생각을 설명할 수 있는가?'와 같은 질문으로 학생의 생각을 신문할 수 있다. '그 가설을 어떻게 시험해 볼 것인가?' 또는 '자신의 주장에 얼마나 확신이 있는가?'와 같은 질문을 통해 과학에 대한 가설을 점검한 뒤 확신보다는 확률로 생각하는 과학자의 사고 방법을 밝힐 수 있다. '~일 것으로 예상되는', '~가 아닐 것으로 예상되는', '아마도', '~일 수도 있다', '시사하다'와 같은 조건부 단어는 과학적 대화와 사고에 힘을 실어 주는 데에 유용하다.

- **유의어를 이정표로 사용하기:** 아이들은 의미는 전달하되 정확하지 않고 비학술적인 어법으로 교사의 말에 계속 반응한다. 어휘 사용 기준을 차츰 높이면 학술적 어휘 사용이 연습을 통해 습관화되고, 암묵적으로 그들의 일상 대화에서도 학술 어휘를 사용하려는 모습을 보게 될 것이다. 학술 어휘를 유도하는 말을 교사가 자주 사용하면 아이들은 일상 어휘 차원에서 벗어나 학술적 유의어에 가까워질 수 있다. 예를 들어 체육 교과에서 '지친 근육'은 '근육 **피로**'라는 말로, 과학 교과에서 '나의 생각…'은 '나의 **가설**…'이라는 말로, '몸은 …을 빼내다…'는 '신체가 …을 **분비**하다…'라는 말로 치환할 수 있을 것이다. 우리가 아이들을 직접 교정해줄 필요가 없다. 기존에 사용하는 단어를 새로운 학술 단어로 간단히 말하면 된다.

- **'대답할 시간을 얼마나 주나요?':** 교사 대화에 근본적인 결함이 있음은 수십 년 동안 잘 알려진 사실이다. 교사는 아이들이 주어진 질문에 대한 대답을 생각할 시간을 충분히 주지 않는다.[8] 질문에 대답할 시간을 충분히 주지 않으면 아이들이 학술 어휘로 생각을 확장하여 대답할 가능성을 가로막게 된다. 만약 우리가 어려운 질문을 했다면 기본적으로 학생이 대답할 시간을 충분히 제공해야 한다.

- **'Why'의 힘:** 아이들이 문제에 대해 생각하고 이야기하거나 개념에 대해 설명할 수 있으려면 사전 지식을 활성화하는 것이 중요하다는 것을 알고 있다. 아이들이 학문적 언어를 사용하여 전문가처럼 이야기하게 하려면 교사는 아이들에게 적절한 질문을 해야 한다. '왜'라는 질문을 더 많이 할수록 아이들이 배경지식을 더 잘 활용하고 더 열심히 생각하게 된다. 역사 교과에서는 '프란츠 페르디난트 대공(Franz Ferdinand)의 죽음이 왜 그렇게 중요한가?' 또는 기술·가정 교과에서는 '지방과 탄수화물이 인체에 중요한 이유는 무엇인가?'와 같은 질문이 될 수 있다.[9]

- **ABC 피드백:** 교사 대화의 간단한 비계는 교실 대화의 환기 효과를 줄 수 있다. 아이들에게 친구의 말에 **동의하거나 주장을 세우거나 이의를 제기하도록** 요구하는 방식으로 유용한 비계를 제공하면 아이들은 아이디어를 순차적으로 확장할 수 있다. 아이들의 수준에 맞게 과제를 선정하면 아이들은 심도 깊은 대화와 학술적 언어 소통을 할 수 있다.

교사가 교실에서 양질의 학문적 대화를 강화하면 아이들이 나누는 대화의 질을 향상할 수 있다. 아이들의 대화에 비계를 지원하고, 안내하고, 지지한다면, 아이들은 학술 단어에 익숙해지고 학술 단어의 의미를 더 깊이 이해하게 될 것이다.

- **'물어보기, 설명하기':** 단어 설명에 대한 연구에 따르면 아동은 교사가 이야기를 다시 읽어 주면서 추가적인 단어 설명을 해 줄 때 학습 효과가 있다고 한다.[10] 흥미로운 사실은, 아이들이 잘 모르는 단어에 대해 스스로 뜻을 설명했을 때 단어 학습 효과가 가장 높다고 한다.
- **20개의 질문하기:** 학교에 있는 동안 아이가 아무런 질문도 하지 않는다면 학술 어휘를 사용하고 이해하는 능력을 기르는 데 어려움이 생긴다.[11] 질문과 숙고와 같은 학습 소양은 교육을 통해 길러질 수 있다. 교사는 아이들이 여러 주제에 대해 가능한 한 많은 질문을 하게 하여 아이들의 배경지식을 끌어낼 수 있으며, 그들이 알고 있는 것과 알아야 할 것에 대해 생각해보게 할 수 있다. 아이들이 사용하는 단어는 아이들이 가진 배경지식의 정도를 보여준다. 영문학에서 '로미오와 줄리엣'의 '20가지의 질문'으로 사랑과 결혼 같은 단어와 개념을 물어보면 아이들이 '궁정풍 사랑'이나 '맹목적인 사랑'과 같

은 말의 의미를 제대로 알고 이해했는지 곧장 파악할 수 있다.

- **'1분만!' 게임하기:** 이 인기 있는 라디오 게임은 폭넓은 학술 담화를 장려하는 완벽한 모델이다. 1분이라는 제한 시간 동안 카드에 나오는 주제에 대하여 자유롭게 말하는 게임이다. 이 게임은 동일한 단어를 사용해서는 안 된다는 규칙이 있는데, 이 규칙을 통해 아이들은 자신이 알고 있는 내용을 신속하게 떠올리고, 교사는 필요한 경우 아이들이 '적절한' 유의어를 사용하도록 유도할 수 있다.

- **'탐구하고 설명하기':** 아이들이 짝이나 소집단을 이루어 눈을 가리거나 다른 곳을 바라보는 친구에게 '핵심 단어'를 다양한 방법으로 설명하는 어휘 과제이다. 시간 제한을 두고 점수를 매기면 이 과제를 중요한 단어를 복습하는 생동감 있는 활동으로 만들 수 있다. 이 과제를 통해 학생들에게 사물, 개념, 아이디어를 정확하고 정교하게 이해하는 능력, 세부적인 내용의 중요성을 강조할 수 있다.

- **'스터디 그룹' 조직하기:** 독서 활동의 외연을 넓히고자 할 때 대화의 힘을 동원할 수 있다. 이 방법은 읽기 과제를 나누어 아이들에게 각각 나눠준 뒤 아이들이 진정한 목적의식을 가지고 글을 읽고 요약하도록 장려하는 방법이다. 요약할 때에는 메모하거나 '핵심 단어'를 밑줄을 표시할 수 있으며, 글을 읽고 난 뒤 알게 된 지식과 이해는 동료와 공유한다.


### ◗ 어휘 격차의 해소를 위한 실천 전략 ⋯ 단어를 연결하고 범주화하기

우리는 단어들이 서로 연결되어 있으며 유의미한 단어 집단에 속해 있다는 사실을 인지하고 있다. 아이들이 단어의 연결고리를 찾도록 지원한다면 아이들의 '단어 의식'을 고취할 수 있다. 물론 이 책에서 분명히 밝혔듯이 단어의 어근과 단어의 요소가 제공하는 여러 정보를 활용해도 좋지만, 다양한 어휘 지도 모델을 활용하면 아이들이 단어를 연결하고 어휘력을 신장하는 데에 도울 수 있다.

'도해 조직자(graphic organizers)'를 시각적 단서로 활용하여 아이들이 단어의 의미, 유사점, 차이점에 따라 단어를 분류하도록 도움을 줄 수 있다. 다양한 형태의 '도해 조직자'는 아이들이 접하는 단어를 다양한 측면에서 생각할 기회를 제공한다.

프레이어 다이어그램(Frayer model)은 다방면의 주제와 여러 교과 학문에 응용할 수 있는 도해 조직자의 한 유형이다. 다음 두 가지 예를 살펴보자.

1. **프레이어 모델 – 영시 수업 설계:** 이 모델은 문학 작품의 심층적 분석이 필요한 시 수업에서 중요한 단어를 지도할 때 활용할 수 있다. 윌리엄 브레이크(William Blake)의 시 '런던(London)'에 나오는 단어 'chartered(공식적으로 허가 받은)'를 지도할 때가 그 예이다(그림 7.3 참조).

2. **프레이어 모델 – 표준 수업 설계:** 이 모델은 수학, 과학, 여러 다른 교과목에서 아이들이 단어를 심층적으로 이해하도록 유도할 때 활용할 수 있다(그림 7.4 참조).

**벤 다이어그램(Venn diagrams):** 단어를 범주화하고, 단어들을 비교하여 의미의 유사성, 공통점, 차이점을 강조하고자 할 때 사용하는 일반적인 어휘 지도 방법이다. (그림 7.5 참조).

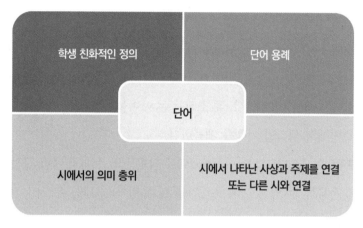

그림 7.3. 프레이어 모델 - 영문학 시 수업 설계

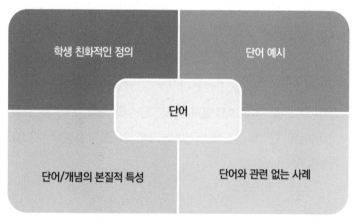

그림 7.4. 프레이어 모델 - 표준 수업 설계

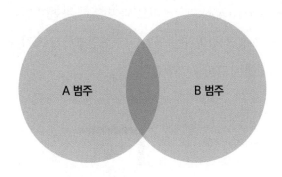

그림 7.5 벤 다이어그램

**단어 지도(Word maps):** 이 도해 조직자는 여러 관련 의미 또는 하위 주제를 지닌 복잡한 단어 또는 개념을 풀어볼 수 있는 모델이다. 물리 학의 지문에서 **'힘(force)'**이라는 개념을 설명하는 단어 지도는 그림 7.6과 같다.

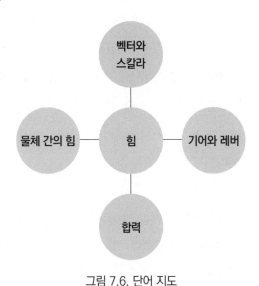

그림 7.6. 단어 지도

**개념도(concept maps):** '단어 지도'와 밀접한 관련이 있는 개념도는 핵심 단어와 개념을 정의하는 아이디어를 연결하고 조직하는 계층적 모델이다. 그 예는 그림 7.7과 같다.

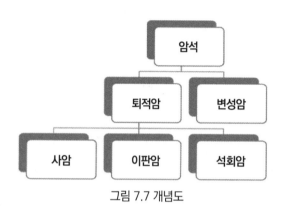

그림 7.7 개념도

단어를 분류하고 범주화할 수 있는 주제는 다양하다. 이러한 작업은 풍부한 단어를 가진 아이라면 '자연스럽게' 할 수 있지만, 제한된 학술 어휘를 가진 아이는 교사의 안내와 시범이 필요한 생각보다 힘든 도전일 수 있다. 다음은 아이들이 단어를 연결하고, 말을 하거나 글을 쓸 때 더 많은 단어를 사용하거나 신중하게 단어를 선택할 수 있게 도와주는 전략들이다.

- **'단어 척도':** 아이들에게 주제 또는 화제별로 관련 있는 단어끼리 범주화하여 제공하는 방법이다. 과학 교과에서의 측정, 수학 교과에서의 꼴, 역사 교과에서의 시대가 그 예이다. 아이들은 3단계 단어에 속해 있는 단어들을 가

지고 자신이 생각하는 방식에 따라 단어를 분류해야 한다. 예를 들면 수학 교과에서는 수학 형태를 결정하는 변의 개수로, 역사 교과에서는 역사 시대를 결정하는 연대순으로 단어를 분류할 수 있다.

- **'단어 사다리'**: 논술문 쓰기 또는 확장형 에세이 쓰기와 같이 영어로 글쓰기를 할 때 학생의 어휘력 향상을 위해 단어 선택의 질을 높이도록 독려할 수 있다. 만약 학생이 '못생긴'이라는 단어를 썼다면, 우리는 '보기 흉한', '흉측한', '그로테스크 풍의', '혐오스러운'과 같은 단어로 단어 사다리를 한 단계씩 높일 수 있다. 학술적인 글쓰기에서 '나아졌다' 대신 '개선되다', '강화되다', '개량되다'와 같은 단어를 사용할 수 있다. 이와 같은 단어 사다리를 교실 '단어 벽'에 표시할 수 있다.

- **'의미 있는 선' 긋기**: '걷다'와 '달리다'와 같이 친숙한 단어 쌍을 선택한 다음 학생들에게 두 단어 사이에 선을 만들도록 한다. 학생은 이 선을 이어서 두 단어 사이에 의미의 명암을 전달하는 일련의 단어들을 찾아야 한다. 예컨대 '활보하다', '거닐다', '산책하다', '천천히 달리다', '조깅하다', '쏜살같이 달리다', '전력 질주하다' 등이 있다. '행복하다' 단어에서 '슬프다' 단어 사이에 들어갈 수 있는 감정 관련 단어를 찾아서 의미 있는 선으로 연결해 보라.

- **플래시 카드 만들기**: 보편적인 단어 학습 도구이자 시험 대비 전략인 플래시 카드는 단어와 그 의미를 체계화하고 분류하는 적극적인 학습법의 일종이다. 그러나 학생들에게는 좋은 플래시 카드를 만드는 훈련이 꼭 필요하다는 사실을 유념해야 한다.

- **'단어 쌍' 만들기**: 진짜 단어와 가짜 단어를 짝지어 학생의 배경 지식을 확인할 수 있는 전략으로 거의 모든 교과목 학습에 유용하다. 익숙한 접두사 등을 이용한 재치 있는 놀이를 해보면 자신의 어휘 지식을 과신한 아이들을 상당수 발견할 수 있다.

- **'단어 세쌍둥이'**: 아이들에게 세 개의 유의어를 주고 그중 가장 적합한 단어, 비교적 적합한 단어, 적합하지 않은 단어를 선택하게 한다. 다음 단어들 중에서 효과적인 단어 또는 예외인 단어가 무엇인지 생각하고 선택해 보라.

| Honour (존경, 영광) | Old (낡은, 구식의, 고대의) | Modern (현대의, 근대의) |
|---|---|---|
| Privilege (특권, 특전) | Ancient (고대의, 아주 오래된) | New-fangled (최신 유행의, 신식의) |
| Nobility (귀족, 고귀함) | Debilitated(쇠약해진, 약화된) | Contemporary (동시대의, 당대의) |

- **접두사/접미사 배열하기**: 학생의 어휘력 성장에 필수적인 학술 어휘의 단어 형성법을 보여줄 수 있다.

| Un (부정의. 반대의) | Circular (원형의) |
|---|---|
| Re (다시, 뒤로) | Likely (~할 가능성이 있는) |
| Dis (반대의, 부정의, 분리된) | Play (경기를 하다) |
| Semi (절반의, 조금의) | Matter (물질) |
| Anti (반대하는, 저항하는) | Embody (상징하다) |

## ◐ 어휘 격차의 해소를 위한 실천 전략 … 단어 놀이

새로운 단어 학습이 지루하고 무미건조한 활동으로 각인되어서는 안 된다. 단어는 호기심을 유발하고 흥미롭다. 단어는 유연하고, 우스 꽝스럽고, 비밀스럽고, 놀랍고, 세련되며 심지어는 장난스럽기까지 하다. 이와 같은 단어의 훌륭한 속성을 바탕으로 교실에서 단어 놀이 의 힘을 활용해야 한다.

단어 놀이는 우리 주변에 **비유 언어**(축어적 의미 이상의 의미를 지닌 단어 또는 구), 단어 놀이, 신기한 어휘들이 얼마나 많이 있는지 인식 하는 것부터 시작할 수 있을 것이다.

- **필명:** 작가가 작품을 발표할 때 사용하는 본명이 아닌 이름이다. 조지 오웰 (George Orwell), 마크 트웨인(Mark Twain)이 그 예이다.

- **시조 명:** 사람 이름을 따서 만든 장소나 발명품의 이름이다. 줄 레오타드 (Jules Leotard)의 이름을 딴 '레오타드(leotard)', 샌드위치 백작(Earl of Sandwich)의 이름을 딴 '샌드위치(sandwich)'가 그 예이다.

- **지명:** 혈통이나 장소에서 유래한 장소 이름이다. 글로스터셔(Gloucester-shire) 주에 위치한 저택 이름인 배드민턴(Badminton)을 따서 만든 '배드 민턴(badminton)', 비키니 환초(Bikini Atoll)의 이름을 따서 만든 '비키니 (Bikini)'가 그 예이다.

- **거주민 명:** 특정 지역에 사는 사람들 또는 거주민을 일컫는 이름이다. 벨기에 사람을 나타내는 '벨기에인(Belgians)' 또는 부탄 사람을 나타내는 '부탄인 (Bhutanese)'이 그 예이다.

- **관용구:** 특정 표현 양식이나 문구를 일컫는 말이다. '엎친 데 덮친 격이다 (add insult to injury)' 또는 '헛다리 짚다(barking up the wrong tree)' 가 그 예이다.

- **속담:** 일반적인 진리가 담겨 있는 널리 알려진 짧은 격언이다. '펜은 칼보다 강하다(the pen is mightier than the sword)', '사공이 많으면 배가 산으로 간다(too many cooks spoil the broth)'가 그 예이다.

- **캐치 프레이즈:** 반복적으로 사용되어 각인된 짧은 문구 또는 표현이다. '캐서린 테이트 쇼(Catherine Tate)'에서 나오는 '그게 무슨 상관이야?'라는 말이나 '블랙애더(Baldrick)'에서 나오는 '나한테 기막힌 계획이 있어요.'라는 말 등이 그 예이다.

- **슬로건:** 정치적 또는 상업적 광고에서 홍보 목적으로 사용되는 기억하기 쉬운 좌우명 및 문구이다. 나이키의 "Just do it" 또는 정치인 토니 블레어(Tony Blair)의 "교육, 교육, 교육, 교육, 교육(Education, Education, Education, Education, Education)"이 그 예이다.

- **직유법:** '~처럼(like)'나 '~와 같이(as)'를 사용하여 어떤 사물을 비슷한 사물에 빗대어 묘사하는 표현법이다. '그녀는 벌처럼 바빴다(she was as busy as a be)' 또는 '깃털처럼 가벼웠다(it was as light as a feather)'는 표현이 그 예이다.

- **은유법:** 한 대상에 다른 대상을 빗대어 암시적으로 묘사하는 표현법이다. '사랑은 전쟁터이다(love is a battlefield)' 또는 '그는 괴물이다(he was an ogre)'가 그 예이다.

- **완곡어법:** 직설적이거나 공격적인 표현 대신 온화하거나 간접적인 단어나 표현을 사용하는 표현법이다. '개가 무지개다리를 건너다(the dog passed away)' 또는 '텔레비전은 장물이다(the television fell off the back of a truck)' 등이 있다.

- **모순어법:** 강조 효과를 위해 상반된 두 단어를 함께 사용되는 표현법이다.

'귀가 먹먹해지는 침묵(deafening silence)' 또는 '달콤한 슬픔(sweet sorrow)'이 그 예이다.

- **연어:** 두 개 이상의 단어가 결합하여 한 단어로 굳어진 말이다. '학문분야(academic discipline)' 또는 '인공지능(artificial intelligence)'이 그 예이다.

- **철자 순서 바꾸기:** 단어나 구의 글자들을 재배치하여 새로운 단어나 표현을 만드는 단어 놀이이다. '온화한 사람(a gentle man)' – '우아한 사람(elegant man)' 또는 '선거 결과(Election results)' – '거짓말(Lies)' – '재검표 하자(let's recount!)'가 그 예이다.

- **회문:** 단어나 구를 이루는 일련의 문자가 앞부터 읽거나 뒤부터 읽어도 동일하게 읽히는 경우를 말한다. 'madam(부인)' 또는 'racecar(경주용 자동차)'가 그 예이다.

- **혼성어:** 두 개 이상의 단어가 합쳐져 혼합된 뜻을 가지게 된 단어이다. 예를 들어, '연무(smog)'는 '연기(smoke)'와 '안개(fog)'가 결합되어 만들어졌다.

우리는 다양하고 창의적인 방법으로 단어에 대한 호기심을 끌어낼 수 있다.

- **'이번 주의 단어':** 이 유명한 전략을 통해 단어에 수반되는 풍성한 의미와 이야기를 강조하는 구조를 마련할 수 있다.

- **단어 탐정 또는 단어 마법사:** 아이들이 일상에서 사용하는 흥미로운 단어를 찾고, 인지하고, 수집하고, 단어 어원을 파헤치도록 장려하는 다양한 어휘 지도 모델이 있다.

- **맞춤법 대회 또는 맞춤법 스파이:** 미국에서 대중화된 맞춤법 대회(Spelling Bee)는 영어의 다양한 철자를 활발하게 알리고 탐구하도록 하는 하나의 방법이다. 아이들에게 매주 형식적인 시험 대신, 철자에 대한 재미있는 도전 요소를 제공한다. 이와 유사한 활동인 '맞춤법 스파이(Spelling Spies)'는 아이들이 수업 시간과 방과후 시간에 단어 전문가의 역할을 맡아 철자에 관해 흥미로운 질문을 하고 철자 패턴을 찾는 활동이다.

- **농담과 말장난:** 어린이나 어른이나 연령에 상관없이 말장난을 즐긴다. 나의 어린 아들 노아는 나날이 '발전하는(완전한 완곡어법)' 자신의 농담과 말장난을 매우 자랑스러워한다. 아들이 말했던 "질문: 거품기(whisk)가 가장 좋아하는 음료는 무엇입니까? 답변: 위스키"와 같은 농담은 훌륭한 맥아처럼 앞으로도 오랫동안 가족들이 감내해야 할 농담이지만, 부디 노아가 자신만의 창의적인 단어 탐구 의지만큼은 잘 유지하길 바란다.

- **신조어:** 아이들이 어근, 접두사, 접미사의 패턴을 익히면 새롭고 낯선 어휘를 접할 때 매우 유용한 방식으로 단어를 만들고, 분석하고, 인식할 수 있게 된다. '해동이 되다(defrostise)'나 '엉망인 연설(dispeech)'과 같은 단어는 왜 없을까? 라는 질문을 던지면 아이들의 사고를 자극할 수 있다.

- **온라인 단어 놀이:** 'Freerice.com'은 아동의 단어 지식에 대한 연습 게임도 하면서 자선단체에 쌀도 기부하는 웹사이트이다. 'A. Word. A. Day'(wordsmith.org/awad)는 웹사이트의 이름 그대로 하루에 한 단어를 학습할 수 있다. **옥스퍼드 영어 사전(Oxford English Dictionary)**과 **메리엄-웹스터(Merriam-Webster)**는 간편하고 유용한 어휘 자료를 제공한다.

## ◐ 마지막 남은 몇 가지 질문들

이 장에서는 요약문 대신에 어휘에 대한 교수법과 학습법을 어떻게 그리고 왜 해야 하는지에 대한 몇 가지 질문으로 마무리한다.

- 당신의 교실 그리고(또는) 학교에 적합한 실천 전략은 무엇인가?
- 교과마다 사용하는 고유한 사고방식, 말하기, 읽기, 쓰기 전략이 있다는 점을 고려할 때 특정 교과에서 적용할 수 있는 최적의 실천 전략은 무엇인가?
- 이러한 실천 전략 중 하나 이상을 시도한다면, 그 전략의 효과는 어떻게 알 수 있는가?
- 이러한 실천 전략 중 하나 이상을 시도한다면, 어떤 전략을 중단할 것인가?

교사는 새로운 아이디어나 학교 전체에 도입되는 혁신 방안에 대해 당혹스러워 하지는 않는다. 그러나 여기서 우리는 '어떤' 전략을 실행해야 하는지 뿐만 아니라 '왜' 실행해야 하는지 그리고 무엇이 '가장 효과적'인지 숙고할 필요가 있다. 학교의 관리자가 교육, 도구, 시간 등 교사를 지원하는 방안에 대해 교사들과 지속적인 논의를 해야 한다.

# ◖ 주석

1. Scott, J. A., & Nagy. W. E. (1997). 'Understanding the definitions of unfamiliar verbs'. Reading Research Quarterly, 32 (2): 184-200.

2. 이 책에서 제안한 모델과 유사한 두문자어 및 유용 모델이 있으며, STAR 기법처럼 단어 선호도 정도에 따른 차이(선택하기, 지도하기, 활동 촉진하기, 다시 논의하기) 가 있다. Blachowicz, C., & Fisher, P. (2005). Teaching vocabulary in all classrooms (3rd ed.). New York, NY: Pearson Education.

3. Cunningham, A. E. (2005). 'Vocabulary growth through independent reading and reading aloud to children'. In E. H. Hiebert & M. L. Kamhi (eds.), Teaching and learning vocabulary: Bringing research to practice (pp. 45-68). Mahwah, NJ: Lawrence Erlbaum Associates.

4. Grabe, W. (2009). Reading in a second language: Moving from theory to practice. New York, NY: Cambridge University Press.

5. 영국 교육기금재단(2016년 7월 14일). '부모에게 시험과 숙제에 대한 문자를 전송하 는 방법으로 수학 성취도를 향상하고 수업 결석을 줄일 수 있다.' 2017년 8월 10일 온 라인 접속:
https://educationendowmentfoundation.org.uk/news/texting-parents-about-tests-and-homework-can-improve-maths-results-and-redu/.

6. FRED에 대한 자세한 내용은 이곳에서 확인할 수 있다.
www.fatherhoodinstitute.org/training-and-consultancy/fathers-reading-day-training/.

7. Biemiller, A. (2012). 'Teaching vocabulary in the primary grades: Vocabulary instruction needed'. In E. J. Kame'enui & J. F. Baumann (eds.), Vocabulary instruction: Research to practice (2nd ed.) (pp. 34-50). New York, NY:

Guilford Press.

8. Rowe, M. B. (1987). 'Wait time: Slowing down may be a way of speeding up'. American Educator, 11 (Spring): 38-43, 47. EJ 351 827.

9. Menke, D., & Pressley, M. (1994). 'Elaborative interrogation: Using "why" questions to enhance the learning from text'. Journal of Reading, 37 (8): 642-645.

10. Biemiller, A., &. Boote, C. (2006). 'An effective method for building meaning vocabulary in primary grades'. Journal of Educational Psychology, 98: 44-62. doi:10.1037/0022-0663. 98.1.44.

11. Graesser, A. C., & Person, N. K. (1994). 'Question asking during tutoring'. American Education Research Journal, 31 (1): 104-137.

# 다음 단계

삶의 지혜가 담긴 말은 세월이 지나도 격언으로 전해진다. 성경에서 예수의 제자 베드로가 절름발이 거지를 치료하면서 예수에게 자신이 갖고 있지 못한 것을 어떻게 다른 사람에게 줄 수 있겠냐고 말하는 장면이 있다. 만일 이 지혜를 교육에 대입해 보면, 우리가 똑같은 문제에 자주 직면한다는 사실을 깨달을 수 있을 것이다. '자신이 모르는 것을 다른 사람에게 가르칠 수 없다.'[1]

일반적으로 교사는 모르는 단어의 의미를 밝히기 위해 사전적 의미나 문맥을 바탕으로 추론하는 전략을 사용한다. 그 이외의 학술 어휘를 가르치는 전략은 교사에게 익숙하지 않다.[2] 이런 상황을 지원할 수 있는 방법은 생각보다 많다. 우리는 교사로서 우리의 보살핌을 받는 아이들이 효과적으로 의사소통을 하고 교과 교육과정에 쉽게 접근할 수 있는 방안을 모색해야 할 의무가 있다.

결정적으로 교사가 모든 교육과정 단계에서 점차 어려워지는 읽기를 중재할 수 있으려면 양질의 훈련과 지원이 뒷받침되어야 한다. 바쁜 화학, 체육, 수학 교사는 고사하고 일부 영어 교사만이 복잡한 읽기와 어휘 개발 방법을 가르쳐왔다는 게 명백한 문제이다. 독해 과정의 모든 측면과 어휘의 가치를 독학으로 배운 영어 교사로서 조심스럽게 주장하는 바이다. 그렇다면 물리 교사는 무엇을 기대할까? 물리 교과에서는 수학적 지식과 더욱 복잡해진 학술 어휘를 요구한다. 최근에 고시된 교육과정에서는 과학 교과의 수학적 필수 지식들이 대거 포함되었다.

궁극적으로 교사와 학교 관리자가 이 책을 읽는다면, 학교 교육과정 계획과 여느 수업에서 이루어지는 어휘 학습에 대해 적절한 질문을 하길 바란다. 안타깝게도 나는 이 책에서 쉬운 해답을 내놓지는 못하지만, 좋은 질문을 하는 것이 어휘 격차 해소의 중요한 시작점이 될 것이다. 다음은 학교 차원에서 어휘와 새로운 교육과정 개발을 시도할 때 숙고해 볼 수 있는 유용한 질문이다.

1. 아이들이 학교 안팎의 삶에서 성공하기 위해 알고 이해하고 사용해야 할 어휘는 무엇인가?
2. 아이들이 읽고 이해할 수 있다고 예상한 글의 난이도는 어떠한가?
3. 어떻게 하면 우리가 가르칠 단어를 잘 선정할 수 있을까?
4. 어떻게 하면 선정한 단어를 효과적으로 잘 가르칠 수 있을까?

5. 우리가 가르칠 단어에 읽기 장벽이나 오개념이 있는가?

6. 이러한 장벽을 극복하고 오개념을 바로잡기 위해 어떤 교수 전략을 사용할 것인가?

7. 어떻게 하면 우리가 교실과(또는) 학교에서 독서 문화를 잘 조성할 수 있을까?

8. 어떻게 하면 우리가 아이들이 교실 밖에서 열렬한 독자가 되게끔 독려할 수 있을까?

9. 어떻게 하면 우리가 교실과(또는) 학교에서 풍부한 학술 담화 문화를 잘 조성할 수 있을까?

10. 어떻게 하면 우리가 교실 속 아이들이 성공적으로 어휘력을 키우고 있는지, 어휘 연습이 긍정적인 영향을 미치는지 알 수 있을까?

이상의 질문에서 '**우리**'라는 중요한 단어가 반복되고 있음에 주목하길 바란다. 우리가 교실 속 어휘 격차를 해소하고, 아이들이 새로운 교육과정에 자신감을 갖고 도전할 수 있으려면 우리 모두의 노력이 필요하다.

## ◗ 우리가 교실에서 긍정적인 영향을 주고 있는지 어떻게 알 수 있을까?

교육과정을 접근하는 데에 있어 장애물 중 하나는 어휘 성장을 측정하고 지원하는 교실 친화적인 평가 방식이 거의 없다는 점이다. 철자 검사와 단어 목록 평가는 유의미한 방식으로 '단어 깊이'를 파악하기에는 다소 부족한 방법인 듯하다.

심층 어휘 학습은 없어서는 안 되고, 대체할 수 없으며 학습과 사고에 필수적인 부분이다. 심층 어휘 학습은 학교 안팎의 교육과 학습에 중요하지만 효과적으로 평가하기가 매우 어렵다. 독해력과 어휘력 발달은 시험 결과로 판단하기는 쉽지 않지만, 우리에게 산소와 같은 존재이다. 산소는 늘 우리 곁에 있고 우리가 의존하지만 그 존재를 알아차리지 못하기 때문에 당연하다고 받아들인다.

어휘 교육을 효과적으로 설계, 실행, 평가하는 일은 어려운 문제이다. 어휘 개발이 학교 성공에 중요하다는 사실을 입증하는 수많은 증거가 있음에도 불구하고 교실에서 어휘를 개발하는 '방법'에 대한 근거는 부족한 편이다. 어휘 지도가 주는 혜택을 생각하면, 아이들의 어휘 개발을 위해 우리의 할 일을 하지 않을 수 없다.

어휘 평가를 위해서는 먼저 단어의 폭과 깊이를 좀 더 구체적으로 정의하는 작업부터 시작하는 것이 좋다. 1942년, 리 크론바흐(Lee Cronbach)와 같은 연구자들은 단어 지식을 다음과 같이 정의했다. 단어 지식을 재는 척도는 어휘 지도에 유용하다.

1. **일반화:** 단어를 정의하는 능력
2. **적용:** 단어를 적절한 상황에 적용할 수 있는 능력
3. **폭:** 단어가 지닌 여러 의미를 알고 기억하는 능력
4. **정밀도:** 단어가 어떤 상황에서 적용되고 적용되지 않는지를 정확하게 인지하는 능력
5. **유용성:** 단어를 말하고 생각할 때 사용하는 능력[3]

크론바흐의 어휘 척도를 사용하면 일상에서 비교적 간단한 어휘 평가 도구를 쉽게 개발하고 사용할 수 있다. 구두 질문은 어휘 및 관련 개념에 대한 아동의 지식과 이해를 평가하는 분명하고 신속하고 강력한 방법이다. 앞 장에서 제시한 '프레이어 모델'과 '의미 지도'는 모두 교사가 어휘 지식을 평가하는 도구이다. 정규 시험을 평가의 유일한 방법으로 여기기보다는 도해 조직자를 활용하여 단어 지식을 측정하고 개발하는 진단 목적의 가치를 유념해야 한다.

내가 필수적인 지도 요소를 개발하기 위해 선택한 전략 중 하나는 먼저 주어진 주제 또는 학습 계획에 맞는 필수 어휘를 선택한 뒤, 학생의 사전 지식을 평가하는 것이었다. 에드거 데일(Edgar Dale)의 **'단어 지식의 4단계'** 모델을 활용하면,[4] 쉽고 빠르게 어휘 평가를 할 수 있다.

1. 단어를 한 번도 본 적이 없고 알지도 못한다. [1점]

2. 단어가 있다는 사실은 알고 있다. – 단어를 발음할 수 있다. – 하지만 단어의 의미는 알지 못한다. [2점]

3. 단어 지식의 일부만 알고 있다. – 단어를 알아차릴 수 있다. – 글쓰기에서 단어를 사용할 수 있다. [3점]

4. 단어를 잘 알고 있다. – 단어를 자신 있게 사용할 수 있다. – 문맥에 따라 의미가 달라질 수 있다는 사실을 알고 있다. [4점]

점수 채점 시스템을 구축해 놓으면, 학교와 교실에서 아이들의 단어 지식 깊이에 대한 대략적인 최저 수준을 알 수 있다. 나아가서는 아이들이 단어로 문장을 생성하게 하여 한 단계 위로 끌어올릴 수 있다 (이 추가 단계는 새로운 어휘에 접했을 때 아이들이 종종 보이는 자연스러운 과한 자신감을 줄이는 데 도움이 된다). 데일의 4단계 모델은 쉽고 빠르게 손가락으로 간단히 신호를 보내는 방식으로 표시할 수 있기 때문에 연습 문제 등의 번거로운 방식으로 평가할 필요가 없다. 이러한 어휘 평가는 다음 표와 같이 아이들이 새로운 도전적인 주제에 대한 학습에 대비하도록 체계적인 사전 교육 활동을 제공한다.

에이브릴 콕스헤드(Avril Coxhead)의 '학술 단어 목록(Academic Word List)'의 어휘 예시와 함께 데일의 모델을 사용하면, 아동의 학술 어휘 지식의 유무와 정도를 대략적으로 파악할 수 있다. 2단계 단어는 우리가 가르칠 수 있는 단어이기도 하지만 유의미한 평가를 할 수 있는 단어이기도 하다.

**어휘 지식: 권력과 갈등 시('power and conflict poetry')**

| 어휘 | 단어를 들어본 적이 없다. | 단어를 들어본 적이 있지만 사용하지는 못한다. | 단어를 사용할 수 있다. | 단어를 알고 있으며, 자신 있게 사용할 수 있다. |
|---|---|---|---|---|
| Antique(고대의) | | | | |
| Visage(얼굴) | | | | |
| Decay(허물어진) | | | | |
| Pedestal(받침대) | | | | |
| 총점 | | | | |

우리는 단어 깊이를 심층적으로 파악하기 위한 첫걸음으로 간이 평가인 구두 질문과 단답형 평가를 이용해 단어 지식을 확인할 수 있다. 그 예는 다음과 같다.

1. 단어 X를 들어본 적 있는가?
2. 단어 X는 단어 A, B, C, D와 관련이 있는가?
3. 단어 X의 의미를 다음 4가지 중의 하나를 고르시오.
   (A) 정의 1  (B) 정의 2  (C) 정의 3  (D) 정의 4
4. 단어 X의 동의어를 알고 있는가?
5. 단어 X의 반의어를 알고 있는가?

동의어 또는 반의어를 연결하는 활동은 어휘 지식을 평가하는 유용한 방법이다. 또한 새로운 단어를 노출시키는 방법이기도 하다.

**'선다형 문항'**은 보편적인 평가 방법으로 아동 친화적인 단어 정의를 읽고 제시된 어휘 중에서 답을 고르는 방식이다. 교사의 레퍼토리에서 주된 버팀목으로 자리매김한 **'단답형 퀴즈(short answer quizzes)'**와 **'빈칸 메우기(Cloze exercises)'**는 선다형 문항과 함께 교사가 오랫동안 애용해 온 주된 평가 도구이다. **'플래시 카드(Flashcards)'**는 아이들이 스스로 아이디어를 내거나 온라인 시험(예: Quizlet)을 사용하여 어휘에 대한 자기 점검 기회를 제공하는 평가 도구이다.

| | |
|---|---|
| Tired(피곤한) | Vibrant(활기찬) |
| Dynamic(활발한) | Tropical(열렬한) |
| Wintry(냉담한) | Despicable(비열한) |
| Scorching(신랄한) | Lethargic(무기력한) |
| Serious(진지한) | Frigid(딱딱한) |
| Appalling(끔찍한) | Grave(심각한) |

교실 기반 전략은 단어 지식 공백을 진단하는 것만큼이나 어휘 지식을 개발하는 데에도 유용하다. 교사는 아이들이 그 단어들을 얼마나 잘 사용할 수 있는지 등에 대한 기본 지식과 같은 정보가 부족할 수 있다. 아동의 어휘 지식과 어려운 글 독해 능력을 정확하게 측정할 수 있는 표준화 평가 도구가 있다.

- **그림 어휘력 검사(Peabody Picture Vocabulary Test, 14판):** 이 검사는 단일 어휘 항목에 대한 수용 능력을 측정한다. 일반 아동을 대상으로 사용되며 검사를 진행하기 위해 상당히 많은 문항을 입력해야 한다.

- **단일 단어 읽기 검사(SWRT, Single Word Reading Test):** 이 신속한 단어 읽기 검사는 표준 연령 점수와 진단 정보를 제공한다. 이 검사는 수행하기가 비교적 쉽다.

- **요크 독해력 평가(YARC, York Assessment of Reading Comprehension):** 이 평가는 나이별로 해독과 이해 능력을 진단한다. 2차 평가에는 다양한 문학과 비문학 자료가 포함되어 있다. 이 평가는 일대일로 진행되므로 아이들을 전문적이고 개별적으로 지원하기에 적합하다.

- **InCAS:** 이 1차 평가는 읽기, 철자, 수학, 암산 능력을 광범위하게 다룬다. 읽기 요소는 해독, 단어 재인, 이해 능력을 검사한다.

- **MidYIS:** InCAS와 동일한 중등학교용 평가로, 광범위한 학업 성취도 평가를 위해 어휘 유창성과 이해력을 구체적으로 측정한다.

- **새로운 그룹 읽기 검사(NGRT, New Group Reading Test):** 이 평가는 두 부분으로 구성되어 있다. 이 검사는 문장 완성 능력, 주로 해독과 지문 이해력을 측정한다. 미숙한 독자는 파닉스 검사를 한다. 이 평가는 표준 연령 점수와 상세한 진단 정보를 제공한다.

이러한 표준화 검사로 평가하면 시간과 비용이 상당히 든다. 어휘 지식과 독해력에 대한 기초 평가를 위해 표준화 검사 도구를 사용한다면, 학교에서 아이들의 진전도를 평가하는 강력한 진단 평가 도구로 활용할 것을 권한다. 이러한 평가 도구는 학교 전체의 평가 모델에 포함될 수 있다.

학교 전체 계획에 관한 논의는 학교 발전에 있어 중요한 고려 사항을 제기한다. 모든 교사는 교실 속 아이들의 성공에 큰 영향을 미친다. 하지만 최고의 학교들은 학교의 모든 부문에서 강력한 리더십을 갖추고 있다. 학교에 독서 문화를 조성하고 교사가 새로운 교육과정의 과제를 대처하도록 지원하려면 학교 지도부 차원의 리더십과 지원이 필수 전제 조건이다. 모든 아이가 학문적 코드를 깰 수 있으려면 강력한 지도 전략이 필요하며, 이러한 전략을 학교 전체에 일관되게 적용할 때 비로소 성공 가능성이 커진다.

## ● 어휘 격차를 해소하기 위한 총체적 학교 전략

런던의 한 선구적인 학교인 그린쇼(Greenshaw) 고등학교는 교장인 필 스토크(Phil Stock)의 주도 하에 학교 전체의 어휘력 신장을 위한 명시적인 어휘 교육법을 개발하였다. 이 사례는 우리에게 매우 유용한 예를 보여준다.

### 실천 사례: 그린쇼 고등학교의 명시적 어휘 교수

학교 전체의 명시적인 어휘 교육이 실시된 지 3년째에 접어들면서 교육 효과가 나타나기 시작했다. 우리 학교의 두 가지 실행 전략은 학생 지도 시간에 가르치는 어근, 접두사와 접미사에 대한 집중 학습 프로그램과 교실에서 2단계와 3단계 어휘를 가르치는 총체적 접근법이다. 우리는 두 가지 접근법을 교과와 학년 전체에 광범위하게 적용하기 전에 시범 적용하였다.

우리는 지속적인 지원을 제공하고 다양한 교과목의 특수성을 고려하기 위해 주요 부서와 교과 영역의 언어 지도자를 지정했다. 언어 지도자는 언어 코디네이터와 긴밀히 협력하여 어휘 교육에 대한 이해를 높이고 특정 맥락에 따른 어휘 지도법을 개발한다. 또한 언어 지도자와 언어 코디네이터는 교과 교육학 연수 과정을 통해 동료 교사를 지원하고, 교실에서 성과를 낼 수 있도록 합의된 정의, 자료, 전략을 개발한다.

해마다 한 학년씩 프로그램 대상을 확대할 계획으로 7학년과 8학년의 교사는 맞춤형 어근 프로그램을 제공하는 방법에 관한 선행 교육을 받는다. 이 프로그램은 전 교육과정에 걸쳐 흔히 사용되는 어근, 접두사 및 접미사에 대한 이해를 높이는 데에 목표를 두고 있으며, 교과 담당 교사가 과목별 개념을 가르칠 때 수업에서 이 프로그램을 활용할 수 있도록 한다. 시범 단계에서 이 프로그램에 대한 학생의 사전-사후 평가 결과를 비교한 결과, 학생의 어원 지식이 상당히 향상되었다.

이러한 교육을 광범위하게 제공하는 동시에 어휘 교육을 지원하는 추가 도구를 개발하였다. 2단계 및 3단계 단어의 총체적 지도를 위한 학교 차원의 프로토콜은 직접 언어 교수법을 실무에서 일상화하는 방법을 배우는 교사에게 명확한 기준점을 제공한다. 주요교육단계 3(Key stage 3)에서는 학교 계획표를 영어 학습 일지로 대체하였다. 영어 학습 일지는 학습할 어휘를 파악하고, 학생들이 자신의 말로 단어 정의를 기록하고 예문에 새로운 단어를 넣어보면서, 단어를 오래 기억하도록 시각화할 수 있는 공간을 제공한다.

이러한 접근법은 아직 초기 단계에 있다. 교사가 단어의 어원, 의미, 유추법을 가르면서 일상 수업에서 단어를 시각화하는 전략을 사용하는 데에 완전하게 익숙해지려면 시간이 다소 소요될 것이다. 연말 핵심 어휘 평가는 프로그램의 효과를 측정하고 향후 개선 방안을 파악할 수 있는 하나의 방법이다.

1장에서는 학교와 교사가 어휘 개발을 위한 수업 구상에 도움이 되는 7단계를 제안했다. 이러한 단계들이 그린쇼 고등학교와 같은 학교에서 어떻게 진행되고 있는지 확인할 수 있다.

1. 교사가 명시적인 어휘 교육에 대한 풍부한 지식과 자신감을 가질 수 있도록 전문성을 키운다.

2. 교육과정 전반에 걸쳐 일관성 있는 계획 하에 명시적이고 명확하게 학술 어휘를 가르친다.

3. 어휘 부진 학생을 지원하는 모델을 기반으로 구조화된 독서 기회를 제공한다.

4. 교실에서 수준 높은 학술 대화를 장려하고 비계를 제공한다.

5. 교실에서 수준 높은 학술적 글쓰기를 장려하고 비계를 제공한다.

6. 학생들의 '단어 의식'을 함양한다(예: 단어의 어원과 형태론적 지식 공유).

7. 학생들에게 독자적인 단어 학습 전략을 가르친다.

위의 단계는 작은 유치원부터 큰 중등학교, 나아가 교사 양성 대학에 이르기까지 모든 학교에서 적용할 수 있다. 물론 많은 학교와 교실의 숙련된 교사들은 이러한 단계 중 일부를 잘 수행하고 있다. 우리는 이러한 교사의 전문성을 조명할 필요가 있다.

교사와 학교 관리자는 학술 언어로 인한 학생의 어려움을 해결하기 위한 지원 요소를 마련해야 한다. 훌륭한 교사는 학생에게 강력한 변화를 가져올 수도 있지만, 궁극적으로는 우리 모두의 노력이 필요하다. '피터 원리(Peter principle)'를 기억하는가? 모르는 것은 가르칠 수 없다. 그러므로 모든 교사가 교실 속 어휘 격차를 해소하려면 전문 지식과 증거 기반의 지속적인 전문적 교육 프로그램이 필요하다.

영국 교육부의 '교사의 전문성 개발을 위한 표준안'[5]을 바탕으로 교사 전문성 훈련에 기반이 되는 유용한 틀을 다음과 같이 마련할 수 있다.

1. 교사 전문성 개발은 학생의 학습 결과를 평가하고 개선하는 데에 목적을 둔다.
2. 교사 전문성 개발은 견고한 증거와 전문성이 뒷받침되어야 한다.
3. 교사 전문성 개발은 협업과 전문적인 과제를 포함해야 한다.
4. 교사 전문성 개발 프로그램은 시간이 지나도 지속되어야 한다.
5. 교사 전문성 개발은 학교 지도부에서 우선시하여 주도해야 한다.

이상의 틀을 바탕으로 여러분의 학교를 평가해 보아라. 학교의 전문성 개발은 잘 진행될 것으로 보이는가? 그리고 어휘 개발 프로그램은 학교 상황에 적합한가? 교수·학습 구조에서 어휘에 대한 전문 지식과 이해는 교사의 지속적인 전문성 개발에 있어 우선시되어야 한다. 이상의 틀을 제대로 활용한다면 복잡한 학교 문제를 풀 수 있는 작지만 필수적인 해결책 5만 개를 얻은 것이나 다름없다.

전체 학교와 학과에서는 혁신을 단행하기 전에 다음과 같이 중요한 질문에 답해야 한다.

- 우리는 어떤 문제를 해결하고 있는가? 교사는 어휘 개발에 있어 '무엇을' 그리고 '왜' 해야 하는가에 대한 질문에 명확하게 답할 수 있는가?
- 교사와 학교 관리자는 특정 어휘 개발 프로그램을 '누구를 대상으로', '어떤 어휘를', '언제', '어디에서' 운영할 것인지에 대해 명확하게 정의할 수 있는가?
- 교사가 어휘 개발 프로그램을 성공적으로 운영하기 위해 시간, 도구, 훈련 등

어떤 지원 요소가 필요한가?

- 모든 교사에게 적절한 학교 혁신이 되려면 교과목별 또는 단계별로 어떤 지원 요소가 필요한가?

- "신뢰할 만한 단어 선택과 지능적인 적용"[6]을 어떻게 결합하여 학교 환경에 가장 잘 부합하는 전략을 수립할 것인가?

- 이 프로그램을 실행할 수 있는 현실적이고 실제적인 소요 기간이 있는가?

- 처음부터 프로그램을 어떻게 평가할 것인지 고려해 보았는가? 프로그램 운영 과정에서 발생하는 문제와 장애물로부터 어떻게 배울 것인가, 프로그램의 성공적인 결과는 어떤 모습일까?

　

어휘 개발이 모든 교수학습의 광범위한 현상을 결정하므로 학교 내의 개인과 집단에 따라 이상의 질문에 대한 답을 어떻게 내릴지 고려해야 한다. 대화나 독서 지원이 결핍된 가정의 자녀가 속해 있는 초등학교는 우수한 학생의 대학 진학을 지원하는 중등학교와 주안점이 다를 수 있고, 또 반드시 그래야만 한다.

이 책에서 조사한 학술 어휘에 대한 이해는 상호 연결된 세 관점이 존재한다(그림 8.1 참조).

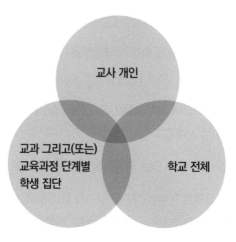

그림 8.1 어휘 개발에 관한 학교의 여러 관점

이 책의 각 장을 읽으면서 하나 또는 그 이상의 관점을 적용해 볼 수 있을 것이다. 학교 차원의 지원이 부족하다고 생각하는 교사는 앞의 장에서 설명한 수많은 전략과 통찰력을 자신의 수업에 적용해 볼 수 있을 것이다. '단어 의식'이 충만한 교실은 교사의 힘으로 충분히 만들 수 있다. 그러나 이상적으로는 어휘 격차의 문제는 학교 지도부의 협력적인 지원으로 해결해야 한다. 학생의 학업 성취는 단어 지식이 필수적인 역할을 하므로 어휘 격차는 교수학습의 문제이자 학교 지도부의 문제이다.

## ◑ 우편번호의 예언을 뛰어넘어 파괴하라

이 책을 마무리하는 시점에서 학업의 성공 및 아이의 어휘의 폭과 깊이는 필연적으로 그들의 집 우편번호뿐 아니라 부모의 소득 수준 및 사회적 지위와 불가분의 관계에 있다는 증거를 상기해본다.

그 증거는 냉혹하다. 사회·경제·문화적 혜택을 받지 못하는 중학교 각 학년의 학생은 상대적으로 부유한 또래 학생보다 학업 성취도가 약 2개월가량 뒤처진다. 최근 **교육정책연구소(Education Policy Institute)**의 연구 결과에 따르면, "학생들이 GCSE 시험을 치를 때 불리하게 작용하는 격차가 완전히 해소되려면 약 **50년**이 걸릴 것"이라고 한다.[7] 우리는 이 암울한 통계에 맞서 50년의 격차를 해소할 수 있는 5만 개의 해결책을 찾아야 한다.

나는 우리 교육 시스템의 복잡성 문제를 단순히 어휘를 잘 지도하는 방안만으로 축소하고 싶지는 않다. 하지만 어휘 지도는 성공적인 학습의 필수적인 요소이므로 문제 해결의 좋은 출발점이 될 것이다. 어휘는 우리가 정의하고, 이해하고, 성공적으로 다룰 수 있는 문제이기 때문이다.

우리는 교사로서 사회적 불평등이나 물질적 빈곤 문제를 없앨 수 없다. 하지만 교실에 변화를 가져올 수는 있다, 그리고 단어 결핍 아동이 어휘력을 키우고 단어 부자가 되도록 도울 수 있다. 아이들이 자신의 목소리를 찾을 수 있도록 도와주어 그들이 학교의 학문적 코드를 깨뜨릴 수 있다면 우리는 모든 아이들이 암울한 우편번호의 예언을 극복할 수 있다는 희망을 주는 것이다.

1651년 웨일스(Welsh) 태생의 시인 조지 허버트(George Herbert)는 인상적인 격언을 남겼다.

현명한 말은 비싸지 않지만 큰 가치가 있다.

좋은 격언이 다 그렇듯이 이 평범한 말은 교사에게 현명한 지침이 될 것이다. 우리가 아이들에게 풍부한 어휘를 지도하는 일은 교사만의 특권이다. 우리는 어휘 격차의 해소에 일조해야 한다.

# ● 주석

1. Binks-Cantrell, E., Washburn, E. K., Joshi, R. M., & Hougen, M. (2012). 'Peter effect in the preparation of reading teachers'. Scientific Studies of Reading, 16 (6): 526–536.

2. Berne, J. I., & Blachowich, C. L. Z. (2008). 'What reading teachers say about vocabulary instruction: Voices from the classroom'. The Reading Teacher, 62 (4): 314–323.

3. Cronbach, L. J. (1942). 'An analysis of techniques for diagnostic vocabulary testing'. Journal of Educational Research, 36 (3): 206–217.

4. Dale, E., & O'Rourke, J. (1976). The living word vocabulary: The words we know, a national vocabulary inventory. Elgin, IL: Dome.

5. Department for Education (2016). 'Standard for teachers' professional development'. 2017년 12월 14일 온라인으로 접속: www.gov.uk/government/publications/standard-for-teachers-profession al-development.

6. 이 구절은 영국 교육기금재단의 조나단 섀플스(Jonathan Sharples) 박사가 고맙게도 지적해 준 말이다. 이 말은 자신이 프로그램에서 합의된 단계들을 일관되게 따르는 방법을 밝혀 두었지만, 교과목이나 다른 학생 집단에 맞게 적용할 필요가 있다는 의미이다.

7. Andrews, J., Robinson, D., & Hutchinson, J. (2017). Closing the gap? Trends in educational attainment and disadvantage. London: Education Policy Institute. 2017년 8월 20일 온라인으로 접속: https://epi.org.uk/wp-content/uploads/2017/08/Closing-the-Gap_EPI. pdf.

# 부록

## 🌓 부록 1. 라틴어 차용어 또는 라틴어 공통 어근이 있는 영어 단어 목록

1. Acumen – 옳은 판단을 내릴 수 있는 능력
2. Ad hoc – 필요시 특정 목적을 처리하거나 수행하는
3. Ad nauseum – 지루할 정도로 반복되는 상황을 말하는
4. Agenda – 앞으로 해야 할 일들의 목록
5. Altruism – 다른 사람들에 대한 이타적인 마음
6. Ambiguous – 중의적인 의미를 지니거나 불명확한 것으로 밝혀진
7. Atrocity – 잔혹한 행위
8. Avarice – 탐욕
9. Bibulous – 음주를 매우 좋아하는
10. Bona fide – 진실된, 진짜의
11. Caveat emptor – 매수자의 위험 부담
12. Celibate – 성관계를 안 한 또는 결혼을 하지 않은
13. Census – 인구 조사
14. Chivalrous (프랑스어) – 정중한
15. Circa – 대략
16. Coitus interrputus – 성교하는
17. Condign – 적당한 또는 당연한
18. Conglomerate – 별개의 개체가 한 집단이 되어 밀집되어 있는

19. Compos mentis – 마음이 안정된

20. Crepuscular – 땅거미 진 것 같은

21. Cull – 다양한 자료에서 추려낸

22. Debilitate – 약화된

23. De facto – 사실상의, 실제로

24. Ergo – 그러므로

25. Erratum – 잘못

26. Et cetera – 기타 여러 가지, 등등

27. Ex gratia – 친절에서 우러난, 호의로서의, 도의상 하는

28. Ex libris – ~의 책에서, ~의 장서에서

29. Dirigible – 유도할 수 있는

30. Facsimile – 판에 박은 듯이 옮긴

31. Ferrous – 철을 함유한

32. Flux – 흐름

33. Futile – 소용없는

34. Garrulity – 수다스러운

35. Habeas corpus – 재판소에 출두토록 명령하는 법원 영장

36. impecunious – 무일푼의

37. Incalculable – 헤아릴 수 없는 막대한

38. Incommunicado (스페인어) – 다른 사람들과 의사소통을 단절한

39. Indefatigability – 지칠 줄 모르는

40. In loco parentis – 부모 대신에

41. Insipid – 맛이 없는

42. In situ – 원 위치에

43. Introspection – 자기 마음 또는 감정 상태를 들여다보는

44. In vitro – 체외에서 진행되는

45. Languid – 느릿느릿한, 나른한

46. Lucubration – 저술하기, 연구하기, 묵상하기

47. Malfeasance (프랑스어) – 불법행위

48. Modicum – 약간

49. Moribund – 소멸 직전의

50. Mundane - 재미없는 또는 초월적이지 않은, 세속적인

51. Naive - 경험 부족으로 순진무구한

52. Obeisance - 존경의 표시로 하는

53. Obvious - 분명한(라틴어로 '방해가 되는')

54. Parvenu - 갑자기 유명해진 사람 같은, 벼락부자

55. Per annum - 1년에

56. Perpetuate - 영구화하는, 영속시키는

57. Perturb - 동요하게 하는

58. Plausible - 타당한 것 같은

59. Precarious - 불확실한 또는 불안정한 상태

60. Puerile - 유치하게 어리석은

61. Pulchritude - 아름다움

62. Pusillanimity - 기력이 없어 보이는

63. Quid pro quo - 무엇에 대한 보상이나 대가

64. Rapport - 친밀한 관계

65. Rapprochement (프랑스어) - 우호관계를 수립하는

66. Recalcitrant - 다루기 힘든

67. Renegade - 반역자

68. Reprisal - 보복

69. Sacrosanct - 매우 중요하거나 신성하다고 입증된 그리고 순결한

70. Sine qua non - 필수적인, 절대적으로 필요한

71. Simulacrum - 어떤 사람이나 사물을 모방하여 만든 형상

72. Stipend - 고정 월급

73. Stultify - 바보처럼 보이는, 무의미하게 하는

74. Succumb - 굴복하는

75. Taunt (프랑스어) - 놀리는

76. Tentative - 잠정적인 상태, 자신감이 없는 모습

77. Terra firma - 육지, 대지

78. Turpitude - 부도덕한 또는 타락한 행위

79. Ubiquity - 도처에 있는

80. Vice Versa - 반대도 같은

## ● 부록 2. 인체, 사람, 집단과 관련된 라틴어 어근

| 라틴어 어근 | 의미 | 예시 |
|---|---|---|
| *caput* | 머리 | 주요한(capital), 굴복하다(capitulate), 책의 장(chapter) |
| *ora/os* | 입 | 구두의(oral), 웅변술(oratory), 입맞춤(osculation) |
| *dens* | 치아 | 치아의(dental), 톱니 자국 내기(indenture), 톱니 모양(indentation) |
| *gaster* | 위 | 위장의(gastric), 미식학(gastronomy), 복족류(gastropod) |
| *neuron* | 신경 | 신경 세포(neuron), 신경증(neurosis), 신경증 환자(neurotic) |
| *manus* | 손 | 손으로 하는(manual), 조작하다(manipulate), 동작(manoeuvre) |
| *ped/podos* | 발 | 보행자(pedestrian), 절지동물(arthropod), 지휘대(podium) |
| *derma* | 피부 | 표피(epidermis), 피하주사기(hypodermic), 박제술(taxidermy) |
| *carnem* | 살점 | 대학살(carnage), 축제(carnival), 육식동물(carnivore) |
| *oss* | 뼈 | 골화되다(ossify), 골다공증(osteoporosis), 매장하다(ostracise) |
| *cor/cardia* | 심장 | 의견 일치(concord), 의견 불일치(discord), 담력(courage) |
| *psyche* | 마음 | 심리학(psychology), 심령술사(psychic), 심리학 용어(psychobabble) |

| anthropos | 인간 | 인류학(anthropology), 사람을 싫어하는 사람(misanthrope), 박애주의자(philanthropist) |
|---|---|---|
| civis | 시민 | 시민의(civil), 민간인(civilian), 미개한(uncivilized) |
| demos | 사람들 | 민주주의(democracy), 선동 정치가(demagogue), 일반 보통 사람들의(demotic) |
| ethnos | 사람들, 인종, 부족 | 윤리적인(ethical), ethnic(민족의), 자기 민족 중심적인(ethnocentric) |
| genus | 인종, 인류, 탄생 | 성별(gender), 유전의(genetic), 천재성(genius), 장르(genre) |
| populus | 사람들 | 인구수를 줄이다(depopulate), 대중적인(popular), 인구(population) |
| socius | 집단 | 사회의(social), 사회(society), 반사회성 인격 장애자(sociopath) |

# 부록 3. 가장 흔하게 사용되는 영어 단어 100개(옥스퍼드 영어 코퍼스의 21억 개 단어 중)

| 1-20 | 21-40 | 41-60 | 61-80 | 81-100 |
|------|-------|-------|-------|--------|
| 1. The | 21. This | 41. So | 61. People | 81. Back |
| 2. Be | 22. But | 42. Up | 62. Into | 82. After |
| 3. To | 23. His | 43. Out | 63. Year | 83. Use |
| 4. Of | 24. By | 44. If | 64. Your | 84. Two |
| 5. And | 25. From | 45. About | 65. Good | 85. How |
| 6. A | 26. They | 46. Who | 66. Some | 86. Our |
| 7. In | 27. We | 47. Get | 67. Could | 87. Work |
| 8. That | 28. Say | 48. Which | 68. Them | 88. First |
| 9. Have | 29. Her | 49. Go | 69. See | 89. Well |
| 10. I | 30. She | 50. Me | 70. Other | 90. Way |
| 11. It | 31. Or | 51. When | 71. Than | 91. Even |
| 12. For | 32. An | 52. Make | 72. Then | 92. New |
| 13. Not | 33. Will | 53. Can | 73. Now | 93. Want |
| 14. On | 34. My | 54. Like | 74. Look | 94. Because |
| 15. With | 35. One | 55. Time | 75. Only | 95. Any |
| 16. He | 36. All | 56. No | 76. Come | 96. These |
| 17. As | 37. Would | 57. Just | 77. Its | 97. Give |
| 18. You | 38. There | 58. Him | 78. Over | 98. Day |
| 19. Do | 39. Their | 59. Know | 79. Think | 99. Most |
| 20. At | 40. What | 60. Take | 80. Also | 100. Us |

# ● 부록 4. 에이브릴 콕스헤드(Avril Coxhead)의 '학술 단어 목록' 총 570개

## 그룹 1

| | | | | | |
|---|---|---|---|---|---|
| analyse | approach | area | assess | assume | authority |
| available | benefit | concept | consist | constitute | context |
| contract | create | data | define | derive | distribute |
| economy | environment | establish | estimate | evident | export |
| factor | finance | formula | function | identify | income |
| indicate | individual | interpret | involve | issue | labour |
| legal | legislate | major | method | occur | percent |
| period | policy | principle | proceed | process | require |
| research | respond | role | section | sector | significant |
| similar | source | specific | structure | theory | vary |

## 그룹 2

| | | | | | |
|---|---|---|---|---|---|
| achieve | acquire | administrate | affect | appropriate | aspect |
| assist | category | chapter | commission | community | complex |
| compute | conclude | conduct | consequent | construct | consume |
| credit | culture | design | distinct | element | equate |
| evaluate | feature | final | focus | impact | injure |
| institute | invest | item | journal | maintain | normal |
| obtain | participate | perceive | positive | potential | previous |
| primary | purchase | range | region | regulate | relevant |

| reside | resource | restrict | secure | seek | select |
|---|---|---|---|---|---|
| site | strategy | survey | text | tradition | transfer |

## 그룹 3

| alternative | circumstance | comment | compensate | compensate | consent |
|---|---|---|---|---|---|
| considerable | constant | constrain | contribute | convene | coordinate |
| core | corporate | correspond | criteria | deduce | demonstrate |
| document | dominate | emphasis | ensure | exclude | framework |
| fund | illustrate | immigrate | imply | initial | instance |
| interact | justify | layer | link | locate | maximize |
| minor | negate | outcome | partner | philosophy | physical |
| proportion | publish | react | register | rely | remove |
| scheme | sequence | sex | shift | specify | sufficient |
| task | technical | technique | technology | valid | volume |

## 그룹 4

| access | adequate | annual | apparent | approximate | attitude |
|---|---|---|---|---|---|
| attribute | civil | code | commit | communicate | concentrate |
| confer | contrast | cycle | debate | despite | dimension |
| domestic | emerge | error | ethnic | goal | grant |
| hence | hypothesis | implement | implicate | impose | integrate |
| internal | investigate | job | label | mechanism | obvious |

| occupy | option | output | overall | parallel | parameter |
|---|---|---|---|---|---|
| phase | predict | principal | prior | professional | project |
| promote | regime | resolve | retain | series | statistic |
| status | stress | subsequent | sum | summary | undertake |

## 그룹 5

| academy | adjust | alter | amend | aware | capacity |
|---|---|---|---|---|---|
| challenge | clause | compound | conflict | consult | contact |
| decline | discrete | draft | enable | energy | enforce |
| entity | equivalent | evolve | expand | expose | external |
| facilitate | fundamental | generate | generation | image | liberal |
| licence | logic | margin | medical | mental | modify |
| monitor | network | notion | objective | orient | perspective |
| precise | prime | psychology | pursue | ratio | reject |
| revenue | stable | style | substitute | sustain | symbol |
| target | transit | trend | version | welfare | whereas |

## 그룹 6

| abstract | accurate | acknowledge | aggregate | allocate | assign |
|---|---|---|---|---|---|
| attach | author | bond | brief | capable | cite |
| cooperate | discriminate | display | diverse | domain | edit |
| enhance | estate | exceed | expert | explicit | federal |

| fee | flexible | furthermore | gender | ignorance | incentive |
|---|---|---|---|---|---|
| incidence | incorporate | index | inhibit | initiate | input |
| instruct | intelligence | interval | lecture | migrate | minimum |
| ministry | motive | neutral | nevertheless | overseas | precede |
| presume | rational | recover | reveal | scope | subsidy |
| tape | trace | transform | transport | underlie | utilize |

## 그룹 7

| adapt | adult | advocate | aid | channel | chemical |
|---|---|---|---|---|---|
| classic | comprehensive | comprise | confirm | contrary | convert |
| couple | decade | definite | deny | differentiate | dispose |
| dynamic | eliminate | empirical | equip | extract | file |
| finite | foundation | globe | grade | quarantee | hierarchy |
| identical | ideology | infer | innovate | insert | intervene |
| isolate | media | mode | paradigm | phenomenon | priority |
| prohibit | publication | quote | release | reverse | simulate |
| sole | somewhat | submit | successor | survive | thesis |
| topic | transmit | ultimate | unique | visible | voluntary |

## 그룹 8

| abandon | accompany | accumulate | ambiguous | append | appreciate |
|---|---|---|---|---|---|
| arbitrary | automate | bias | chart | clarify | commodity |
| complement | conform | contemporary | contradict | crucial | currency |

| denote | detect | deviate | displace | drama | eventual |
|---|---|---|---|---|---|
| exhibit | exploit | fluctuate | guideline | highlight | implicit |
| induce | inevitable | infrastructure | inspect | intense | manipulate |
| minimize | nuclear | offset | paragraph | plus | practitioner |
| predominant | prospect | radical | random | reinforce | restore |
| revise | schedule | tense | terminate | theme | thereby |
| uniform | vehicle | via | virtual | visual | widespread |

## 그룹 9

| accommodate | analogy | anticipate | assure | attain | behalf |
|---|---|---|---|---|---|
| bulk | cease | coherent | coincide | commence | compatible |
| concurrent | confine | controversy | converse | device | devote |
| diminish | distort | duration | erode | ethic | format |
| found | inherent | insight | integral | intermediate | manual |
| mature | mediate | medium | military | minimal | mutual |
| norm | overlap | passive | portion | preliminary | protocol |
| qualitative | refine | relax | restrain | revolution | rigid |
| route | scenario | sphere | subordinate | supplement | suspend |
| team | temporary | trigger | unify | violate | vision |

# 그룹 10

| | | | | | |
|---|---|---|---|---|---|
| adjacent | albeit | assemble | collapse | colleague | compile |
| conceive | convince | depress | encounter | enomous | forthconing |
| incline | integrity | intrinsic | invoke | levy | likewise |
| nonetheless | notwithstanding | odd | ongoing | panel | persist |
| pose | reluctance | so-called | straightforward | undergo | whereby |

# 참고문헌

Alderman, G. L., & Green, S. K. (2011). 'Fostering lifelong spellers through meaningful experiences'. The Reading Teacher, 64: 599–605. doi:10.1598/RT.64.8.5.

Andrews, J., Robinson, D., & Hutchinson, J. (2017). *Closing the gap? Trends in educational attainment and disadvantage.* London: Education Policy Institute. 2017년 8월 20일 온라인으로 접속: https://epi.org.uk/wp-content/uploads/2017/08/Closing-the-Gap_EPI. pdf.

Astor, G.(1994). June 6, 1944: The voices of D-Day. New York, NY: St Martin's Press.

Baker, L. (2002). 'Metacognition in comprehension instruction'. In C. C. Block & M. Pressley (eds.), Comprehension instruction: Research-based best practices (pp. 77–95). New York, NY: Guilford.

Barton, G. (2013). Don't call it literacy! What every teacher needs to know about speaking, listening, reading and writing. London: Routledge.

Beck, I., McKeown, M., & Kucan, L. (2002). Bringing words to life. New York, NY: Guilford.

Benjamin, A. (2017). Infusing vocabulary into the reading-writing workshop: A guide for teachers in grades K–8. New York, NY: Routledge.

Berne, J. I., & Blachowich, C. L. Z. (2008). 'What reading teachers say about vocabulary instruction: Voices from the classroom'. The Reading Teacher, 62 (4): 314-323.

Biemiller, A. (2001). 'Teaching vocabulary'. American Educator, Spring: 24-28.

Biemiller, A. (2012). 'Teaching vocabulary in the primary grades: Vocabulary instruction needed'. In E. J. Kame'enui & J. F. Baumann (eds.), Vocabulary instruction: Research to practice (2nd ed.) (pp. 34-50). New York, NY: Guilford Press.

Biemiller, A., &. Boote, C. (2006). 'An effective method for building meaning vocabulary in primary grades'. Journal of Educational Psychology, 98: 44-62. doi:10.1037/0022-0663.98.1.44.

Binks-Cantrell, E., Washburn, E. K., Joshi, R. M., & Hougen, M. (2012). 'Peter effect in the preparation of reading teachers'. Scientific Studies of Reading, 16 (6): 526-536.

Blachowicz, C., & Fisher, P. (2005). Teaching vocabulary in all classrooms (3rd ed.). New York, NY: Pearson Education.

Bowers, J.S., & Bowers, P. N. (2017). 'Beyond phonics: The case for teaching children the logic of the spelling system'. Educational Psychologist, 52 (2): 124-141.

Britton, J. (1970). Language and learning. Coral Gables, FL: University of Miami Press.

Butler, S., Urrutia, K., Buenger, A., Gonzalez, N., Hunt, M., & Eisenhart, C. (2010). 'A review of the current research on vocabulary instruction'. National Reading Technical Assistance Program, 1. Washington, DC: National Reading Technical Assistance Center.

Cain, K., & Oakhill, J. (2011). 'Matthew effects in young readers: Reading comprehension and reading experience aid vocabulary development'. Journal of Learning Disabilities, 44 (5): 431–443. doi:10.1177/00222 19411410042.

Carlisle, J. F. (2010). 'Effects of instruction in morphological awareness on literacy achievement: An integrative review'. Reading Research Quarterly, 45: 464–487. doi:10.1598/RRQ.45.4.5.

Carrier, S. J. (2011). 'Effective strategies for teaching science vocabulary'. Learn NC. 2016년 9월 10일 온라인으로 접속: www.learnnc.org/lp/pages/7079?ref=searchwww.learnnc.org/lp/pages/7079?ref=search.

Carter, R., & McCarthy, M. (2006). Cambridge grammar of English: A comprehensive guide: Written and spoken English. Cambridge: Cambridge University Press.

Childs, P. E., Markic, S., & Ryan, M. C. (2015). 'The role of language in the teaching and learning of chemistry'. In J. García-Martínez & E. Serrano-Torregrosa (eds.), Chemistry education: Best practices, opportunities and trends (pp. 421–446). Weinheim: Wiley-VCH Verlag GmbH & Co.

Clemens, N. H., Ragan, K., & Widales-Benitez, O. (2016). 'Reading difficulties in young children: Beyond basic early literacy skills'. Policy Insights from the Behavioral and Brain Sciences, 3 (2): 177–184.

Connor, C. M., Piasta, S. B., Fishman, B., Glasney, S., Schatschneider, C., Crowe, E., Underwood, P., & Morrison, F. J. (2009). 'Individualizing student instruction precisely: Effects of Child x Instruction interactions on first graders' literacy development'. Child Development Journal, 80 (1): 77–100. doi: 10.1111/j.1467-8624.2008.01247.x.

Coxhead, A. (2000). 'A new academic word list'. TESOL Quarterly, 34 (2): 213–238.

Cronbach, L. J. (1942). 'An analysis of techniques for diagnostic vocabulary testing'. Journal of Educational Research, 36 (3): 206–217.

Crystal, D. (2007). Words, words, words. New York, NY: Oxford University Press.

Crystal, D. (2011). The story of English in 100 words. London: Profile Books.

Crystal, D. (2012). Spell it out: The singular story of English spelling. London: Profile Books.

Cunningham, A. E. (2005). 'Vocabulary growth through independent reading and reading aloud to children'. In E. H. Hiebert & M. L. Kamhi (eds.), Teaching and learning vocabulary: Bringing research to practice (pp. 45–68). Mahwah, NJ: Lawrence Erlbaum Associates.

Cunningham, A. E., & Stanovich, K. E. (1997). 'Early reading acquisition and its relation to reading experience and ability 10 years later'. Developmental Psychology, 33: 934–945.

Cunningham, A. E., & Stanovich, K. E. (1998). 'What reading does for the mind'. American Educator, 22 (1–2): 8–15.

Dale, E., & O'Rourke, J. (1976). The living word vocabulary: The words we know, a national vocabulary inventory. Elgin, IL: Dome.

Department for Education (2009). The national strategies: 'Support for spelling' (2nd ed.). 2017년 12월 14일 온라인으로 접속: http://webarchive.nationalarchives.gov.uk/20110813013929/http://teachingandlearningresources.org.uk/collection/35326.

Department for Education (2016). 'Standard for teachers' professional development'. 2017년 12월 14일 온라인으로 접속: www.gov.uk/government/publications/standard-for-teachers-professio nal-development.

Department of Education, UK Government (2016). The way of the Dodo. London: Department of Education.

Dougherty Stahl, K. A., & Bravo, M. A. (2010). 'Contemporary classroom vocabulary assessment for content areas'. The Reading Teacher, 63 (7): 566 -578.

Dunston, P. J., & Tyminski, A. M. (2013). 'What's the big deal about vocabulary?' NCTM, Mathematics Teaching in the Middle School, 19 (1): 38-45.

Education Endowment Foundation (2016. 6. 14.). 'Texting parents about tests and homework can improve maths results and reduce absenteeism'. 2017 년 8월 10일 온라인으로 접속: https://educationendowmentfoundation.org.uk/news/texting-parents-a bout-tests-and-homework-can-improve-maths-results-and-redu/.

Education Endowment Foundation (2017a). Improving literacy in key stage one. London: Education Endowment Foundation.

Education Endowment Foundation (2017b). Improving literacy in key stage two: Guidance report. London: Education Endowment Foundation.

Education Endowment Foundation and the University of Oxford (2017). Review of SES and science learning in formal educational settings: A report prepared for the EEF and the Royal Society. London: Education Endowment Foundation. 2017년 9월 27일 온라인으로 접속: https://educationendowmentfoundation.org.uk/public/files/Review_of

_SES_and_Science_Learning_in_Formal_Educational_Settings.pdf.

Elleman, A., Linda, E., Morphy, P., & Compton, D. (2009). 'The impact of vocabulary instruction on passage level comprehension of school-age children: A meta-analysis'. Journal of Educational Effectiveness, 2: 1-44.

Eunice Kennedy Shriver National Institute of Child Health and Human Development, NIH, DHHS. (2010). What content-area teachers should know about adolescent literacy. Washington, DC: U.S. Government Printing Office.

Firth, J. R. (1957). Papers in linguistics. Oxford: Oxford University Press.

Gardner, D. (2013). Exploring vocabulary: Language in action. London: Routledge.

Genesee, F., Lindholm-Leary, K., Saunders, W., & Christian, D. (2006). Educating English language learners: A synthesis of research evidence. Cambridge: Cambridge University Press.

Grabe, W. (2009). Reading in a second language: Moving from theory to practice. New York, NY: Cambridge University Press.

Graesser, A. C., & Person, N. K. (1994). 'Question asking during tutoring'. American Education Research Journal, 31 (1): 104-137.

Graham, S. (1999). 'Handwriting and spelling instruction for students with learning disabilities: A review'. Learning Disability Quarterly, 22 (2): 78-98.

Graham, S., & Perin, D. (2007). 'A meta-analysis of writing instruction for adolescent students'. Journal of Educational Psychology, 99 (3): 445-476. doi:10.1037/0022-0663.99.3.445.

Graves, M. F. (1986). 'Chapter 2: Vocabulary learning and instruction'. Review of Research in Education, 13 (1): 49–89.

Graves, M. F. (2005). The vocabulary book: Learning and instruction (language and literacy series). New York, NY: Teachers College Press.

Graves, M., & Hammond, H. K. (1980). 'A validated procedure for teaching prefixes and its effect on students' ability to assign meanings to novel words'. In M. Kamil and A. Moe (eds.), Perspectives on reading research and instruction (pp. 184–188). Washington, DC: National Reading Conference.

Green, T. M. (2008). The Greek and Latin roots of English (4th ed.). Lanham, MD: Rowman & Littlefield.

Guthrie, J. T., Wigfield, A., & Klauda, S. L. (2012). 'Adolescents' engagement in academic literacy' (Report No. 7). 2017년 7월 15일 온라인으로 접속: www.corilearning.com/research-publications.

Hanson, S., & Padua, J. F. M. (2016). 'Teaching vocabulary explicitly, Pacific resources for education'. 2016년 9월 12일 온라인으로 접속: http://prel.org/wp-content/uploads/2014/06/vocabulary_lo_res.pdf.

Hart, B., & Risley, T. R. (1995). Meaningful differences in the everyday experiences of young American children: The everyday experience of one and two-year-old American children. Baltimore, MD: Paul H. Brookes.

Hattie, J., & Yates, G. C. R. (2014). Visible learning and the science of how we learn. London: Routledge.

Hickey, P. J., & Lewis, T. (2015). 'To win the game, know the rules and legitimise the players: Disciplinary literacy and multilingual learners'. The Language and Literacy Spectrum, 25: 18–28.

Hirsch Jr, E. D. (2000). 'You can always look it up—or can you?' American Educator, 24 (1): 4-9.

Hirsch Jr, E. D. (2003). 'Reading comprehension requires knowledge—of words and the world'. American Educator, 27 (1): 10-13.

Hirsch Jr, E. D. (2013). 'A wealth of words. The key to increasing upward mobility is expanding vocabulary'. City Journal, 23 (1). 2016년 10월 20일 온라인으로 접속:
www.city-journal.org/html/wealth-words-13523.html.

Hirsch Jr, E. D., & Moats, L. C. (2001). 'Overcoming the language gap'. American Educator, 25 (2): 4-9.

Holmes-Henderson, A. (2016). 'Teaching Latin and Greek in primary classrooms: The Classics in Communities project'. Journal of Classics Teaching, 17 (33): 50-53.

Horowitz, R., & Samuels, S. J., (2017). The achievement gap in reading: Complex causes, persistent issues, possible solutions. New York, NY: Routledge.

Jackson, P. (30 March 2011). '100 words of English: How far can it get you?' BBC News website. 2016년 6월 6일 온라인으로 접속: http://www.bbc.co.uk/news/magazine-12894638.

Jetton, T. L., & Shanahan, C. (2012). Adolescent literacy in the academic disciplines. New York, NY: Guildford Press.

Jones, B. R., Hopper, P. F., & Franz, D. P. (2008). 'Mathematics: A second language'. Mathematics Teacher, 102 (4): 307-312.

Kafka, F. (Translation, 2007). Metamorphosis and other stories. London:

Penguin Books.

Kame'enui, E. J., & Baumann, J. F. (eds.). (2012). Vocabulary instruction: Research to practice. New York, NY: Guilford Press.

Kirby, J. R., & Bowers, P. N. (2012). 'Morphology works. Ontario Ministry of Education Literacy and Numeracy Secretariat, what works?' Research in Practice, 41: 1-4.

Krashen, S. (1989). 'We acquire vocabulary and spelling by reading: Additional evidence for the input hypothesis'. The Modern Language Journal, 73 (4): 440-464.

Laufer, B. (2017). 'From word parts to full texts: Searching for effective methods of vocabulary learning'. Language Teaching Research, 21 (1): 5-11. doi:10.1177/1362168816683118.

Law, J., Rush, R., Schoon, I., & Parsons, S. (2009). 'Modeling developmental language difficulties from school entry into adulthood: Literacy, mental health, and employment outcomes'. Journal of Speech, Language and Hearing Research, 52 (6): 1401-1416.

Lemov, D., Driggs, C., & Woolway, E. (2016). Reading reconsidered: A practical guide to rigorous literacy instruction. San Francisco, CA: Jossey-Bass.

McCutchen, D., Harry, D. R., Cox, S., Sidman, S. Covill, E. A., & Cunningham, A. E. (2002). 'Reading teachers' knowledge of children's literature and English phonology'. Annals of Dyslexia, 52 (1): 205-228.

McKay, S. (26 August 2010). 'Telegraph crossword: Cracking hobby won the day - The boffins of Bletchley cut their teeth on the Telegraph crossword'. The Telegraph. 2017년 12월 14일 온라인으로 접속:

www.telegraph.co.uk/lifestyle/wellbeing/7966268/Telegraph-crosswor
d-Cracking-hobby-won-the-day.html.

Marchman, V. A., & Fernald, A. (2008). 'Speed of word recognition and
vocabulary knowledge in infancy predict cognitive and language outcomes
in later childhood'. Developmental Science, 11: F9–F16.

Massaro, D. W. (2016). 'Two different communication genres and
implications for vocabulary development and learning to read'. Journal of
Literacy Research, 47 (4): 505– 527.

Menke, D., & Pressley, M. (1994). 'Elaborative interrogation: Using "why"
questions to enhance the learning from text'. Journal of Reading, 37 (8):
642– 645.

Merrell, C., & Tymms, P. (2007). 'Identifying reading problems with computer
-adaptive assessments. Journal of Computer Assisted Learning'. Journal of
Computer Assisted Learning, 23: 27–35. doi:10.1111/j.1365-2729.2007.001
96.x.

Moats, L. (1999). 'Reading is like rocket science: What expert teachers of
reading should know and be able to do'. Washington, DC: The American
Federation of Teachers. 2015년 12월 12일 온라인으로 접속:
www.ldaustralia.org/client/documents/Teaching%20Reading%20is%20
Rocket%20Science%20-%20Moats.pdf.

Moats, L. C. (2005). 'How spelling supports reading: And why is more regular
and predictable than you might think'. American Educator, 6 (12–22): 42–4
3. 2014년 5월 7일 온라인으로 접속: www.aft.org/sites/default/files/periodi
cals/Moats.pdf.

Montgomery, S. L. (1996). The scientific voice. New York, NY: Guilford Press.

Murphy, V. A. (2015). 'A systematic review of intervention research examining English language and literacy development in children with English as an Additional Language (EAL)'. Commissioned by the Education Endowment Foundation. 2016년 11월 5일 온라인으로 접속:

https://educationendowmentfoundation.org.uk/public/files/Publications/E AL_Systematic_review.pdf.

Nagy, W. E., & Anderson, R. (1984). 'How many words are there in printed school English?'. Reading Research Quarterly, 19: 304-330.

Nagy, W. E., & Herman, P. A. (1987). 'Breadth and depth of vocabulary knowledge: Implications for acquisition and instruction'. In M. McKeown & M. Curtis (eds.), The nature of vocabulary acquisition (pp. 19-35). Hillside, NJ: Lawrence Erlbaum Associates.

Nagy, W. E., & Townsend, D. (2012). 'Words as tools: Learning academic vocabulary as language acquisition'. Reading Research Quarterly, 47 (1): 91 -108. doi:10.1002/RRQ.011.

Nagy, W. E., Berninger V. W., & Abbott R. D. (2006). 'Contributions of morphology beyond phonology to literacy outcomes of upper elementary and middle-school students'. Journal of Educational Psychology, 98: 134-147.

Nation, K. (2005). 'Children's reading comprehension difficulties'. In M. J. Snowling and C. Hulme (eds.), The science of reading: A handbook (pp. 248-265). Oxford: Blackwell Publishing Ltd. doi:10.1002/97804707 57642.ch14.

Nation, K. (2017). 'Nurturing a lexical legacy: Reading experience is critical for the development of word reading skill'. NPJ Science of Learning, 2 (1): 3. doi:10.1038/s41539-017-0004-7.

National Institute of Child Health and Human Development (2000). Report of the National Reading Panel. Teaching children to read: An evidence-based assessment of the scientific research literature on reading and its implications for reading instruction (NIH Publication No. 00‑4769). Washington, DC: U.S. Government Printing Office.

Nuthall, G. (2007). The hidden lives of learners. Wellington: NZCER Press.

Oakhill, J., Cain, K., & Elbro, C. (2014). Understanding and teaching reading comprehension: A handbook. London: Routledge.

O'Halloran, K. L. (2005) (Reprinted 2008). Mathematical discourse: Language, symbolism and visual images. London and New York, NY: Continuum.

O'Keefe, A., Carter, R., & McCarthy, M. (2007). From corpus to classroom: language use and language teaching. Cambridge: ‑Cambridge University Press. 2017년 5월 5일 온라인으로 접속: http://npu.edu.ua/!e-book/book/djvu/A/iif_kgpm_OKeefee.%20FCTC.pdf.

Olson, R. K., Keenan, J. M., Byrne, B., Samuelsson, S., Coventry, W. L., Corley, R., Wadsworth, S. J., Willcutt, E. G., DeFries, J. C., Pennington, B. F., & Hulslander, J. (2007). 'Genetic and environmental influences on vocabulary and reading development'. Scientific Studies of Reading: The Official Journal of the Society for the Scientific Study of Reading, 20 (1‑2): 51‑75. doi:10.1007/s11145-006-9018-x.

Orwell, G. (1949). 1984. London: Penguin Books.

Osborne, J., & Dillon, J. (2010). Good practice in science teaching: What research has to say. New York, NY: Open University Press.

Ouellette, G. P. (2006). 'What's meaning got to do with it: The role of vocabulary in word reading and reading comprehension'. Journal of

Educational Psychology, 98 (3): 554-566.

Oxford Dictionary (2017). Oxford: Oxford University Press.

Perfetti, C. A., & Hart, L. (2002). 'The lexical quality hypothesis'. In L. Verhoeven (ed.), Precursors of functional literacy (pp. 189- 213). Philadelphia, PA: John Benjamins.

Podhajski, B., Mather, N., Nathan, J., & Sammons, J. (2009). 'Professional development in scientifically based reading instruction: Teacher knowledge and reading outcomes'. Journal of Learning Disabilities, 42 (5): 403-417. doi: 10.1177/0022219409 338737.

Priestley, J. B. (Reprinted in 2000). An inspector calls and other plays. Penguin: London.

Rasinski, T., Samuels, S. J., Hiebert, E., Petscher, Y., & Feller, K. (2011). 'The relationship between a silent reading fluency instructional protocol on students' reading comprehension and achievement in an urban school setting'. Reading Psychology, 32 (1): 75-97.

Reed, D. K. (2008). 'A synthesis of morphology interventions and effects on reading outcomes for students in grades K-12'. Learning Disabilities Research and Practice, 23: 36-49. doi:10.1111/j.1540- 5826.2007.00261.x.

Reisman, A. (2012). 'Reading like a historian: A document-based history curriculum intervention in urban high schools'. Cognition and Ins-truction, 30 (1): 86-112.

Rowe, M. B. (1987). 'Wait time: Slowing down may be a way of speeding up'. American Educator, 11 (Spring): 38-47.

Saunders, M., Goldenberg, C., & Marcelletti, D. (2013). 'English language development: Guidelines for instruction'. American Educator, Summer: 13-39

Scarborough, H. S. (2001). 'Connecting early language and literacy to later reading (dis)abilities: Evidence, theory, and practice'. In S. Neuman & D. Dickinson (eds.), Handbook for research in early literacy (pp. 97-110). New York, NY: Guilford Press.

Schleppegrell, M. J. (2007). 'The linguistic challenges of mathematics teaching and learning: A research review'. Reading and Writing Quarterly, 23 (2): 139-159.

Schmitt, N., & Pellicer-Sánchez, A. (2010). 'Incidental vocabulary acquisition from an authentic novel: Do things fall apart? ' Reading in a Foreign Language, 22 (1): 31-55

Scott, J. A., & Nagy, W. E. (1997). 'Understanding the definitions of unfamiliar verbs'. Reading Research Quarterly, 32 (2): 184-200.

Sedita, J. (2005). 'Effective vocabulary instruction. Insights on Learning Disabilities, 2 (1): 33-45.

Seidenberg, M. (2017). Language at the speed of sight: Why we read, why so many can't and what we can do about it. New York, NY: Basic Books.

Shanahan, T., & Barr, R. (1995). 'Reading recovery: An independent evaluation of the effects of an early instructional intervention for at risk learners'. Reading Research Quarterly, 30 (4): 958-996.

Shanahan, T., & Shanahan, C. (2008). 'Teaching disciplinary literacy to adolescents: Rethinking content-area literacy'. Harvard Educational Review, 78 (1): 40-59.

Snow, C. E., & Beals, D. E. (2006). 'Mealtime talk that supports literacy development'. New Directions for Child and Adolescent Development, Spring (111): 51-66.

Spencer, S., Clegg, J., & Stackhouse, J. (2012). 'Language and disadvantage: A comparison of the language abilities of adolescents from two different socioeconomic areas'. International Journal of Language and Communication Disorders, 47: 274-284. doi: 10.1111/j.1460-6984.2011. 00104x.

Spencer, S., Clegg, J., Stackhouse, J., & Rush, R. (2017). 'Contribution of spoken language and socio-economic background to adolescents' educational achievement at aged 16 years'. International Journal of Language Disorders, 52: 184-196. doi: 10.1111/1460-6984.12264.

Stahl, S. A. (1999). Vocabulary development. Cambridge, MA: Brookline Books.

Stanovich, K. E. (1986). 'Mathew effects in reading: Some consequences of individual differences in the acquisition of literacy'. Reading Research Quarterly, 21: 360-407.

Tao, P. K. (1994). 'Words that matter in science: A study of Hong Kong students' comprehension of non-technical words in science'. Educational Research Journal, 9 (1): 15-23.

Teaching School Council (2017). 'Modern foreign languages pedagogy review: A review of modern foreign languages teaching practice in key stage two and key stage three'. 2017년 8월 10일 온라인으로 접속: www.tscouncil.org.uk/wp-content/uploads/2016/12/MFL-Pedagogy-R eview-Report-2.pdf.

Treffers-Daller, J., & Milton, J. (2013). 'Vocabulary size revisited: The link between vocabulary size and academic achievement'. Applied Linguistics Review, 4 (1): 151–172. doi: 10.1515/applirev-2013- 0007.

Ward, H. (24 May 2016). TES online. 'Try the SATs reading paper that left pupils in tears'. 2016년 5월 27일 온라인으로 접속: www.tes.com/news/school-news/breaking-news/try-sats-reading-pape r-left-pupils-tears.

Wexler, J., Mitchell, M. A., Clancy, E. E., & Silverman, R. D. (2016). 'An investigation of literacy practices in high school science classrooms'. Reading and Writing Quarterly, 33 (3): 258–277.

White, T. G., Sowell, J., & Yanagihara, A. (1989). 'Teaching elementary students to use word part clues'. The Reading Teacher, 42: 302–308.

Willingham, D. T. (2009). Why don't students like school? San Francisco, CA: Jossey Bass.

Willingham, D. T. (2017). The reading mind: A cognitive approach to understanding how the mind reads. San Francisco, CA: Jossey Bass.

Winch, G., Johnston, R. R., March, P., Ljungdahl, L., & Holliday, M. (2010). Literacy: Reading, writing and children's literature (4th ed.). South Melbourne: Oxford University Press.

Wolsey, T. D., & Lapp, D. (2017). Literacy in the disciplines: A teacher's guide for grades 5–12. New York, NY: The Guilford Press.

# 찾아보기

## 어휘 격차의 해소

© 글로벌콘텐츠, 2023

1판 1쇄 인쇄__2023년 06월 20일
1판 1쇄 발행__2023년 06월 26일

지은이__Alex Quigley
옮긴이__김진희
감수자__이은지
펴낸이__홍정표
펴낸곳__글로벌콘텐츠
　　　　등록__제25100-2008-000024호

공급처__(주)글로벌콘텐츠출판그룹
　　　　대표_홍정표 이사_김미미 편집_임세원 강민욱 백승민 권군오 기획·마케팅_이종훈 홍민지
　　　　주소__서울특별시 강동구 풍성로 87-6
　　　　전화__02) 488-3280 팩스__02) 488-3281
　　　　홈페이지__http://www.gcbook.co.kr
　　　　이메일__edit@gcbook.co.kr

값 22,000원
ISBN 979-11-5852-393-0 93370